ESTADO DE EXCEÇÃO AMBIENTAL

NEWTON TEIXEIRA CARVALHO

ÉMILIEN VILAS BOAS REIS

MARIZA RIOS

(COORDENADORES)

ESTADO DE EXCEÇÃO AMBIENTAL

2ª TIRAGEM

DelRey EDITORA

Belo Horizonte
2016

Impresso no Brasil | *Printed in Brazil*

EDITORA DEL REY LTDA.
www.livrariadelrey.com.br

Editor: Arnaldo Oliveira

Editor Adjunto: Ricardo A. Malheiros Fiuza

Editora Assistente: Waneska Diniz

Coordenação Editorial: Wendell Campos Borges

Diagramação: Lucila Pangracio Azevedo

Revisão: Maria Elizabete de Sousa

Capa: CYB Comunicação

Editora / MG
Rua dos Goitacazes, 71 – Sala 709-C – Centro
Belo Horizonte – MG – CEP 30190-050
Tel: (31) 3284-5845
editora@delreyonline.com.br

E792 Estado de Exceção Ambiental. / Newton Teixeira Carvalho, **Émilien** Vilas Boas Reis e Mariza Rios (Coord.). Belo Horizonte: Del Rey, 2015.
x + 142 p.
ISBN: 978-85-384-0434-7
1. Direito ambiental. I. Carvalho, Newton Teixeira (Coord.). II. Reis, **Émilien** Vilas Boas (Coord.). III. Rios, Mariza (Coord.).
CDU: 34:504

ESCREVERAM NESTE LIVRO

ANDRÉ CORDEIRO LEAL

Doutor e Mestre em Direito Processual pelo Programa de Pós-Graduação *Stricto Sensu* em Direito da Pontifícia Universidade Católica de Minas Gerais. Professor Titular da Universidade FUMEC. Professor do corpo permanente do programa de pós-graduação *Stricto Sensu* em Direito (Mestrado em Instituições Sociais, Direito e Democracia) da Universidade FUMEC. Professor do curso de bacharelado em Direito da Universidade FUMEC. Professor Adjunto IV da Pontifícia Universidade Católica de Minas Gerais, ministrando aulas nos cursos de bacharelado em Direito da Faculdade Mineira de Direito nas unidades do Coração Eucarístico e da Praça da Liberdade. Professor do Instituto de Educação Continuada da PUC Minas. Diretor de Pesquisa do INPEJ – Instituto Popperiano de Estudos Jurídicos. Bacharel em Ciências Econômicas pela PUC Minas. Advogado.

ÉMILIEN VILAS BOAS REIS

Pós-doutor em Filosofia pela Faculdade do Porto (FLUP-Portugal). Doutor e mestre em Filosofia pela Pontifícia Universidade Católica do Rio Grande do Sul (PUCRS). Graduado em Filosofia pela Universidade Federal de Minas Gerais (UFMG). Professor de Filosofia e Filosofia do Direito na graduação e no mestrado da Escola Superior Dom Helder Câmara (ESDHC-BH).

JOSE EUGENIO SORIANO GARCIA

Catedrático de Derecho Administrativo na Universidade Complutense de Madrid, Espanha. Doutor em Direito pela Università di Bologna (Itália) com Prêmio Extraordinário de *Tesis Doctoral*. Magistrado Vocal do Tribunal de Defensa de la Competencia. Advogado. Autor de mais de vinte livros sobre Urbanismo, Direito de Concorrência, Direito Europeu.

MARCOS VAQUER CABALLERÍA

Catedrático de Derecho Administrativo da Universidad Carlos III de Madrid. Doutor em Derecho pela Universidad Carlos III de Madrid. Licenciado em Derecho pela Universidad Pontificia de Comillas (ICADE). Licenciado em CC. Económicas y Empresariales pela Universidad Pontificia de Comillas (ICADE).

MARIZA RIOS

Graduada em Direito pela Universidade Gama Filho do Rio de Janeiro. Especialista em Direto Público pela Faculdade de Direito do Vale do Rio Doce. Mestre em Direito, Estado e Constituição pela Universidade de Brasília (UnB) com pesquisa na Universidade de Coimbra sob a orientação de Boaventura de Sousa Santos. Professora na Escola Superior Dom Helder Câmara. Doutoranda em Direito Administrativo Constitucional na Universidade Complutense de Madrid, Espanha.

NEWTON TEIXEIRA CARVALHO

Doutorando pela Pontifícia Universidade Católica do Rio de Janeiro (2013) em Teoria do Estado e Direito Constitucional. Graduado em Direito pela Pontifícia Universidade Católica de Minas Gerais (1985). Mestre em Direito pela Pontifícia Universidade Católica de Minas Gerais (2004). Especialista em Direito de Empresa pela Fundação Dom Cabral. Juiz de Direito da 1ª Vara de Família até junho de 2012. Desembargador da 13ª Câmara Cível do TJMG a partir de junho de 2012. Professor de Direito de Família na Escola Superior Dom Helder Câmara.

VINÍCIUS LOTT THIBAU

Doutorando e Mestre em Direito Processual pelo Programa de Pós-Graduação *Stricto Sensu* em Direito da Pontifícia Universidade Católica de Minas Gerais. Professor de Direito Processual Civil no Curso de Graduação em Direito da Escola Superior Dom Helder Câmara. Professor de Direito Processual Civil no Curso de Pós-Graduação *Lato Sensu* em Advocacia Cível da Escola Superior de Advocacia da Ordem dos Advogados do Brasil – Seção Minas Gerais. Advogado.

SUMÁRIO

APRESENTAÇÃO

A obra "O Estado de Exceção Ambiental" tem como tema fundamental a exceção que ocorre muitas vezes nas questões relacionadas ao meio ambiente. Temos aqui reunidos pesquisadores de quatro instituições de ensino superior diferentes de dois países para refletirem sobre o tema principal. O livro continua o debate iniciado na obra "Cidades, Eventos Esportivos e Estado de Exceção", também da Editora Del Rey, cujo tema principal é a exceção na cidade na época de grandes eventos esportivos, como a Copa do Mundo ocorrida no Brasil.

Apesar do tema guia, os pesquisadores enfatizaram pontos diferentes que se complementam. Claramente, tal abordagem enriquece a obra apresentada.

O texto de abertura, *Considerações acerca do Estado de exceção ambiental*, do professor Émilien Vilas Boas Reis começa refletindo e contextualizando o significado de Estado de Exceção. Num segundo momento, debruça-se sobre a crise ambiental contemporânea. Para tal, perpassa dados científicos que ilustram como existem sérios problemas ambientais atualmente, sendo complementados com uma reflexão sobre a modernidade, seu modo de vida e a crise ambiental originada dela. Por fim, tendo como cerne do texto, há uma meditação sobre a exceção usada nas demandas que envolvem o meio ambiente. Essa exceção, devido à crise ambiental, muitas vezes estaria justificada pelo bem da sociedade, mas que, na verdade, seria um meio usado por determinadas parcelas da sociedade que possuiriam interesses escusos sobre a questão.

No segundo capítulo, *O soberano na construção e manutenção do Estado de exceção*, os autores Newton Teixeira Carvalho e Mariza Rios descrevem o conceito de exceção à luz de alguns teóricos contemporâneos.

O texto seguinte, dos professores André Cordeiro Leal e Vinícius Lott Thibau, *O devido processo legal e a excepcionalidade normativo-ambiental*, parte da dogmática processual de Oskar von Bülow para demonstrar como tal teoria, presente também no direito ambiental, contribui para uma violência dentro do Estado Democrático de Direito, no instante em que o juiz está fora da lei, em exceção.

O quarto texto contém mais uma vez a parceria entre os professores Mariza Rios e Newton Teixeira Carvalho. Os autores, com o texto *Mineração sustentável, uma exigência constitucional necessária à preservação do meio ambiente*, chamam a atenção para a conivência do poder público para a destruição ambiental causada pela atividade minerária em alguns casos. Assim, o texto retoma a legislação minerária existente, mas propõe a necessária aprovação de um novo Código de Minas.

O quinto capítulo, escrito pelo professor espanhol Jose Eugenio Soriano Garcia, intitulado *Legislación, administración en medio ambiente y ordenación urbana: la cuestión de la seguridad jurídica. Ordenación urbana ambiental y la función de los poderes para la seguridad jurídica*, disserta sobre a relação entre governantes, legisladores e especialistas para a condução das questões ambientais, além de oferecer a sugestão sobre a criação de um Tribunal Internacional do Meio Ambiente.

O também professor espanhol Marcos Vaquer fecha o livro com o texto *El derecho a la vivienda en su relación con los derechos a la ciudad y al medio*. O escrito, por meio de um diálogo com a legislação europeia, busca esmiuçar o direito à moradia à luz do direito ambiental.

A exposição anterior permite que se perceba como os vieses dos textos são diversos. Assim, podem ser lidos separadamente ou em uma visão de conjunto.

O estado de exceção ambiental tem ocorrido muitas vezes de uma maneira silenciosa. O fato das questões ambientais estarem em voga, não significa que atitudes arbitrárias por parte do legislativo, do executivo e do judiciário não estejam ocorrendo, além, é claro, de alguns interesses escusos da iniciativa privada estarem sendo levados em consideração ante tais questões. Esperamos que o livro possa chamar a atenção sobre este ponto tão pouco debatido.

Prof. Dr. Émilien Vilas Boas Reis

Capítulo I

CONSIDERAÇÕES ACERCA DO ESTADO DE EXCEÇÃO AMBIENTAL

Émilien Vilas Boas Reis

INTRODUÇÃO

O direito ambiental tem sido uma das áreas mais importantes do Direito na mesma proporção que os problemas ambientais são fundamentais para o bem-estar e a própria sobrevivência humana. Seja na cidade ou na natureza, o meio ambiente é o local da morada humana, por isso, as reflexões sobre tal temática é de suma importância.

Apesar de toda boa vontade no discurso ambiental, nem sempre ele está pautado em questões que tem como fim o meio ambiente ecologicamente equilibrado.

O texto a seguir tem a pretensão de levantar a temática do estado de exceção ambiental, compreendido como o uso arbitrário da lei por parte do judiciário, que se coaduna com interesses escusos do poder executivo.

Para tal empreitada, o texto, inicialmente, se debruça sobre o que significa "estado de exceção" e de como o estado moderno utiliza frequentemente tal artifício. Em seguida, adentra na crise ambiental que tem como uma de suas origens a associação com a razão instrumental.

No capítulo terceiro, há uma explanação sobre o direito ambiental, como ele se originou e como está presente na legislação brasileira, e como o estado de exceção ambiental surge por meio de práticas questionáveis do judiciário e do executivo.

1. ESTADO DE EXCEÇÃO

O Estado de exceção[1] tem se tornado a ordem no mundo contemporâneo. Os artifícios políticos governamentais possuem a tendência de transformar a exceção em um estado permanente. Como afirma Agamben:

> Diante do incessante avanço do que foi definido como uma 'guerra civil mundial', o estado de exceção tende cada vez mais a se apresentar como o paradigma de governo dominante na política contemporânea. Esse deslocamento de uma medida provisória e excepcional para uma técnica de governo ameaça transformar radicalmente – e, de fato, já transformou de modo muito perceptível – a estrutura e o sentido da distinção tradicional entre os diversos tipos de constituição.[2]

O motivo do Estado usar da exceção é a urgência em determinadas matérias. Nesse caso, o executivo toma a liberdade de criar medidas extraordinárias a fim de perpetuar o ordenamento social. A grande questão é que o executivo pode utilizar tal ato quando julgar necessário, sendo, muitas vezes, conveniente ao próprio poder executivo.

> É como se o direito contivesse uma lacuna essencial entre o estabelecimento da norma e sua aplicação e que, em caso extremo, só pudesse ser preenchido pelo estado de exceção, ou seja, criando-se uma área onde essa aplicação é suspensa, mas onde a lei, enquanto tal, permanece em vigor.[3]

Inevitavelmente, ao se falar a respeito da exceção, deve-se adentrar na temática da violência. A exceção em si, como será mostrado abaixo, é de uma grande violência, entretanto, a temática do direito está intrinsecamente relacionada à violência, antes de se tornar exceção. Como bem articulado por Walter Benjamin em seu clássico texto

---

1 Sobre um estudo pormenorizado a respeito do Estado de exceção conferir REIS, Émilien Vilas Boas e THIBAU, Vinícius Lott. A Cidade e o Estado de Exceção. *In*: CARVALHO, Newton Teixeira; REIS, Émilien Vilas Boas (Org.). *Cidade, Eventos Esportivos e Estado de Exceção*. Belo Horizonte: Del Rey, 2014, p. 01-34.

2 AGAMBEN, Giorgio. *Estado de Exceção*. Trad. Iraci D. Poleti. São Paulo: Boitempo Editorial, 2004, p. 13.

3 AGAMBEN, 2004, p. 49.

"Para uma crítica da violência", o Estado necessita do monopólio da violência, pois, só assim, é capaz de se manter:

> [...] o interesse do direito em monopolizar a violência com relação aos indivíduos não se explicaria pela intenção de garantir os fins de direito, mas, isso sim, pela intenção de garantir o próprio direito; de que a violência, quando não se encontra nas mãos do direito estabelecido, quaisquer que seja esse, o ameaça perigosamente, não em razão dos fins que ela quer alcançar, mas por sua mera existência fora do direito.[4]

Benjamin enfatiza a existência de dois tipos de violência no Estado: uma fundadora e outra que possibilita sua perpetuação:

> Toda violência como meio é ou instauradora ou mantenedora do direito. Se não pode reivindicar nenhum desses predicados, ela renuncia por si só a qualquer validade. Daí resulta que toda violência como meio, mesmo no caso mais favorável, participa da problemática do direito.[5]

A respeito da violência fundadora do Estado, Jacques Derrida, influenciado por sua leitura de Pascal e Montaigne, lidos à luz de Benjamin, afirma que há um "fundamento místico da autoridade".[6] Em outras palavras: "Já que a origem da autoridade, a fundação ou o fundamento, a instauração da lei não podem, por definição, apoiar-se finalmente senão sobre elas mesmas, elas mesmas são uma violência sem fundamento".[7]

Por outro lado, a violência mantenedora é expressa na figura da polícia, que possui uma "mistura espectral" entre a violência mantenedora e a violência originária, já que "Esta é, com certeza, uma violência para fins de direito (com o direito de disposição), mas com a competência simultânea para ampliar o alcance desses fins de direito (com o direito de ordenar medidas)".[8] Para Derrida, seguindo

---

4 BENJAMIN, Walter. Para uma crítica da violência. *In*: BENJAMIN, Walter. *Escritos sobre mito e linguagem*. Trad. Susana Kampff e Ernani Chaves. São Paulo: Editora 34, 2011, p. 121-157, p. 127.

5 BENJAMIN, 2011, p. 136.

6 Cf. DERRIDA, Jacques. *Força de Lei*. Trad. Leyla Perrone-Moises. São Paulo: WMF Martins Fontes, 2010, p. 25.

7 DERRIDA, 2010, p. 26.

8 BENJAMIN, 2011, p. 135.

Benjamin, a polícia é o próprio Estado, que não pode ser atacada sem se estar atacando o Estado. A mistura de violências ocorre, nas palavras de Derrida,

> Pois a polícia já não se contenta, hoje, em aplicar a lei pela força e, portanto, em conservá-la, ela a inventa, ela publica decretos, ela intervém cada vez que a situação jurídica não é suficientemente clara para garantir a segurança. Isto é, hoje, quase o tempo todo. Ela é a força de lei, ela tem força de lei.[9]

A releitura de Derrida do texto de Benjamin nos permite interpretar tal força de lei como sendo a exceção para conduzir o ordenamento jurídico. Agamben explica a força de lei como sendo uma ficção, em que "para aplicar uma norma, é necessário, em última análise, suspender sua aplicação, produzir uma exceção".[10] Apesar da violência ser uma constante no Estado, a exceção pode ser interpretada como sendo uma violência maior para com os indivíduos submetidos nele.

Após uma análise histórica,[11] Agamben constata que o direito ocidental está pautado em dois conceitos distintos, mas que se correlacionam: *potestas*, compreendido como elemento normativo e jurídico, e *auctoritas*, entendido como elemento metajurídico. Enquanto tais conceitos permaneceram distintos na Roma republicana (Senado e Povo) e na Europa medieval (poder espiritual e poder temporal), o Estado de exceção era mais difícil de ocorrer. Poder e autoridade não deveriam coincidir na mesma figura, pois o resultado é a exceção:

> O estado de exceção é o dispositivo que deve, em última instância, articular e manter juntos os dois aspectos da máquina jurídico-política, instituindo um limiar de indecidibilidade entre anomia e *nomos*, entre vida e direito, entre *auctoritas* e *potestas*. Ele se baseia na ficção essencial pela qual a anomia – sob a forma da *auctoritas*, da lei viva ou da força de lei – ainda está em relação com a ordem jurídica e o poder de suspender a norma está em contato direto com a vida.[12]

É justamente no Estado moderno que *potestas* e *auctoritas* se unem em uma mesma figura, transformando o Estado de direito em

---

[9] DERRIDA, 2010, p. 99.

[10] AGAMBEN, 2004, p. 63.

[11] Cf. AGAMBEN, 2004, p. 115-130.

[12] AGAMBEN, 2004, p. 130.

Estado de exceção: "(...) quando tendem a coincidir numa só pessoa, quando o estado de exceção em que eles se ligam e se indeterminam torna-se regra, então o sistema jurídico-político transforma-se em uma máquina letal".[13]

Mesmo que alguma exceção esteja permeada de "boas intenções", ela continua sendo uma ultrajante violência em relação aos indivíduos inseridos no Estado. Assim, a exceção em matéria ambiental também é violência, a qual deve ser questionada.

2. A CRISE AMBIENTAL

Em uma reportagem na *Folha de São Paulo* do dia 17 de janeiro de 2015, a manchete era "2014 é o ano mais quente já registrado, aponta Nasa".[14] A reportagem detalha que desde o início da medição anual da temperatura da terra, em 1880, até então, o ano mais quente registrado na história foi 2010 e que, entre os 10 anos mais quentes registrados, os 9 primeiros estão no século XXI.

Cientistas da NASA (agência espacial americana) e da Noaa (agência governamental americana dedicada aos oceanos e à atmosfera), além da constatação de que 2014 foi o ano mais quente já registrado (média de 14,59°C), afirmaram que desde 1976 a temperatura está acima da média do século XX (13,9°C). De acordo com a matéria "Os cientistas atribuem isso ao aquecimento global, especialmente na temperatura dos oceanos, causado pelo aumento nas emissões de gases-estufa, como o CO_2".[15] No Brasil a situação pode ser pior, já que climatologistas, de acordo com a reportagem, afirmam que "Algumas regiões do globo, como o Sudeste brasileiro e boa parte de Europa Ocidental, estiveram em 2014 mais de 2°C mais quentes do que a média do século 20".[16]

O cálculo da temperatura do planeta é feito a partir dos dados das temperaturas dos oceanos e da terra, a partir de 6.300 estações

---

13 AGAMBEN, 2004, p. 131.

14 FOLHA DE SÃO PAULO. *2014 é o ano mais quente já registrado, aponta Nasa*. São Paulo, 17 jan. 2015, p. C8.

15 FOLHA DE SÃO PAULO, *2014*, 17 jan. 2015, p. C8.

16 FOLHA DE SÃO PAULO, *2014*, 17 jan. 2015, p. C8.

meteorológicas ao longo do globo. Em 1880 a temperatura média foi de 13,76°C, ou seja, um aumento de quase 0,8°C na média do ano de 2014. Há um perigo neste dado: "Os cientistas consideram que, se a Terra aquecer mais de 2°C, o número de secas, furacões e enchentes aumentará perigosamente. Como nunca se emitiu tanto CO_2 quanto na atualidade, a humanidade tentaria (sic) a atingir tal marca em poucas décadas".[17] Apesar do estudo climático envolver muitas variáveis, a análise a longo prazo pode ilustrar uma disposição.

O exemplo acima ilustra um fenômeno climatológico que pode estar inserido na chamada "crise ambiental" ou "crise ecológica": "Eis a crise ecológica: a desflorestação e destruição sistemática das espécies animais, sem dúvida; mas, antes de mais nada, a crise de nossa representação da natureza, a crise da nossa relação com a natureza".[18] A relação homem-natureza existe desde os primórdios da humanidade, ou seja, o homem, sendo também natureza, dependeu dela para sobreviver. Entretanto, o modo de vida atual tem contribuído para que a natureza responda de maneira que tem colocado em xeque a própria sobrevivência humana:

> A palavra crise cobre um grande número de situações. Entre elas a ecologia, relativamente recente, mas instalada num espaço de tempo que será inteiramente notável em virtude dos problemas que coloca ao conjunto das populações mundializadas, de alguma forma, por meio de uma referência comum e obrigatória à natureza.
>
> Na realidade, essa crise no uso da natureza é, antes do mais, uma crise no modo de vida do homem.
>
> Saqueada, devastada por uma maioria de povos pobres, consumida e esbanjada por uma minoria de estados ricos, a Terra não para de suar os seus recursos para assegurar a sobrevivência de uma humanidade ingrata.[19]

Muito da crise ambiental se deve à nossa capacidade tecnológica de manipular e modificar o meio ambiente. O homem sempre alterou

---

17 FOLHA DE SÃO PAULO, 2014, 17 jan. 2015, p. C8.

18 OST, François. *A Natureza à margem da Lei*: a ecologia à prova do direito. Trad. Joana Chaves. Lisboa: Instituto Piaget, 1997, p. 8.

19 BACHELET, Michel. *Ingerência Ecológica*: direito ambiental em questão. Trad. Fernanda Oliveira. Lisboa: Instituto Piaget, 1998, p. 18.

seu meio, mas a modernidade marca a capacidade humana de transformá-lo de maneira desequilibrada. Associado à capacidade anterior, encontra-se o modo econômico atual, que também tem sua parcela de responsabilidade, ao integrar o bem-estar ao consumo desmedido.

Com tais paradigmas é possível tentar ilustrar essa crise atual. O pensador Charles Taylor aponta três grandes dificuldades na modernidade: o individualismo, a razão instrumental e a perda da liberdade individual. Para o autor, a razão instrumental é caracterizada por ser "o tipo de racionalidade em que nos baseamos ao calcular a aplicação mais econômica dos meios para determinado fim. Eficiência máxima, a melhor relação custo benefício, é sua medida de sucesso".[20] Com o declínio da percepção de uma ordem intrínseca ao universo, ou da ideia de uma vontade de Deus, o homem passa a ter controle absoluto em suas ações. Assim sendo, a sociedade passa a se valer da razão instrumental para agir como lhe for mais conveniente. E isso permite a manipulação da natureza sem quaisquer obstáculos: "uma vez que as criaturas que nos cercam perdem o significado que lhes foi atribuído de acordo com o seu lugar na cadeia dos seres, elas podem ser tratadas como matéria-prima ou instrumentos para nossos projetos".[21]

Estando tudo submetido à razão instrumental, o homem e o meio ambiente também estão subjugados por ela. A razão instrumental, por sua vez, relaciona-se com o modo de produção desmedido, fazendo com que, na modernidade, técnica, ciência e economia estejam em uma relação intrínseca:

> A modernidade é impensável sem a mútua imbricação de ciência, técnica e economia: sem a aplicação de métodos técnico-científicos, a economia moderna jamais teria alcançado o grau de eficiência, que a distingue de todas as economias precedentes, como, por outro lado, sem os interesses econômicos, o desenvolvimento técnico-científico na modernidade não pode ser pensado. A mercantilização universal é a radicalização da transformação de qualidade em quantidade, que caracteriza este tipo de racionalidade. Daí a idéia do 'progresso' linear e indefinido, que se vai gerar na

20 TAYLOR, Charles. *A ética da autenticidade*. Trad. Talyta Carvalho. São Paulo: Realizações Editora, 2011, p. 14.

21 TAYLOR, 2011, p. 14.

> modernidade tendo como fundamento o quantificável: de agora em diante, o produto interno bruto constitui o critério básico para medir o progresso dos povos.[22]

A razão instrumental surgiu juntamente com a ciência moderna. "Entre as suas características fundamentais, encontra-se justamente o deslocamento da *téchne* do seu lugar periférico para o eixo central traçado pela linha que une a *theoria* ao *kosmos* pela mediação do discurso científico (logos)".[23] Na ciência moderna, a ciência deixa de ser teórica e torna-se prática,[24] tendo o poder de manipular a natureza. A razão técnica e instrumental se fundamenta como o centro das ações humanas.

A razão instrumental é um dos motivos para a crise ambiental, com sua capacidade de modificar a natureza de maneira sem precedentes, além de sua associação com uma visão economicista, o que dificulta uma análise dos riscos que se corre estando inserido em tal modelo:

> (...) podemos pensar no modo em que boa parte de nosso planejamento social, em áreas cruciais como avaliação de risco, é dominada por formas de análises de custo-benefício que envolvem cálculos grotescos, colocando valores tributáveis em vidas humanas.[25]

Não se está fazendo uma defesa contra a tecnologia, apenas uma constatação de que a sociedade contemporânea se move dentro da razão instrumental e quais são as consequências para a geração de uma crise ambiental. Tal razão, na verdade, tem como resultado um desenvolvimento industrial que, por muito tempo, não mediu as implicações de seus atos:

> Começamos a descobrir que os termos de referência do desenvolvimento, tal como haviam sido pensados e implementados pelas potencias industriais, levam, num futuro que se advinha próximo,

---

22 OLIVEIRA, Manfredo Araújo de. Cultura e Natureza. *In*: *Síntese Nova Fase*. Belo Horizonte. vol. 19 n. 58, 1992, p. 287.

23 VAZ, Henrique Claudio Lima. *Escritos de Filosofia II*: Ética e Cultura. São Paulo: Loyola, 2000, p. 194.

24 Esta razão instrumental também intervirá no campo da ética: MAC DOWELL, João, A., S. J. Aspectos Fundamentais do Pensamento Ético de Padre Vaz. *In*: *Veredas do Direito*. Belo Horizonte, V. 1, n° 2, 2004, p. 75: "O novo saber operativo identifica-se com um fazer, no sentido da razão poiética aristotélica, que invade o campo reservado anteriormente seja à razão teórica seja à razão prática".

25 TAYLOR, 2011, p. 14.

à destruição da natureza e, mais exatamente, dos meios de existir que ela contém em relação a todas as espécies vivas.[26]

3. DIREITO AMBIENTAL E ESTADO DE EXCEÇÃO AMBIENTAL

A partir da Revolução Industrial, a sociedade passou a degradar exponencialmente o ambiente, dado uma relação intrínseca entre ciência e técnica. O Estado passa a ser intervencionista, ou seja, "simultaneamente poluidor e instância encarregue de lutar contra os atentados ao ambiente".[27] O mesmo Estado que poluí será o Estado que regularizará as questões ambientais, e tal papel se tornará mais nítido na segunda metade do século XX.

Após a revolução industrial, as grandes guerras, a guerra fria e a iminência de destruição do planeta o problema ambiental irá se tornar essencial. Uma conjuntura de fatores políticos, científicos e sociais permitirão uma visão de que o meio ambiente deve ser tratado de maneira primordial. Assim, surgirão, na década de 70 do século XX, várias maneiras de manifestação a favor do meio ambiente, passando por ONGs, partidos, até a formalização judicial.

> Ora, precisamente no início dos mesmos anos setenta, a questão dos desequilíbrios ecológicos iria conhecer uma transformação dessa ordem: de tema de preocupação científica ela iria muito rapidamente transformar-se, ao ritmo dos acidentes e dos gritos de alarme que se multiplicavam, numa prioridade para a opinião pública, numa questão de mobilização política, em que atestava, na mesma altura, o nascimento dos primeiros partidos 'verdes', e de uma nova geração, bastante mais combativa de associações de defesa do ambiente (Os Amigos da Terra, o Greenpeace...), e, finalmente, num objeto de consideração administrativa sob a forma de regulamentações e instituições específicas.[28]

Um dos resultados positivos em relação à crise ambiental na modernidade foi a criação e a consolidação do direito ambiental. Apesar de gravíssimas implicações ainda estarem por vir devido à

---

[26] BACHELET, 1998, p. 20.
[27] OST, 1997, p. 121.
[28] OST, 1997, p. 121.

inconsequência humana sobre o meio ambiente, os efeitos da crise já puderam ser sentidos pelas gerações anteriores e a geração atual, o que resultou no direito ambiental:

> A codificação do direito ambiental em todo o mundo durante as últimas três décadas do século vinte pode justificadamente ser vista como uma realização da capacidade melhorada da humanidade para reflectir acerca do seu lugar na natureza. Com este corpo de legislação, os governos de praticamente todas as nações da terra anunciaram a sua intenção de salvaguardar o ambiente por meio de acção reguladora sistemática e de subordinar os desejos e apetites dos seus cidadãos às necessidades de outras espécies e dos sistemas biológicos do planeta.[29]

O Estado passou a utilizar diversos meios para a formalização das questões ambientais. Isso significou a criação em vários países de órgãos competentes em matéria ambiental (Ministérios, secretarias...), além de declarações, cartas, leis e tratados nacionais e internacionais.

O direito ao meio ambiente foi elemento de debates internacionais, sendo, por exemplo, reconhecido na Declaração de Estocolmo de 1972, avaliada como a primeira conferência sobre o tema, preparada pela Organização das Nações Unidas. Na Declaração, encontram-se algumas proclamações, como a primeira, que situa o homem no meio ambiente:

> 1. O homem é ao mesmo tempo obra e construtor do meio ambiente que o cerca, o qual lhe dá sustento material e lhe oferece oportunidade para desenvolver-se intelectual, moral, social e espiritualmente. Em larga e tortuosa evolução da raça humana neste planeta chegou-se a uma etapa em que, graças à rápida aceleração da ciência e da tecnologia, o homem adquiriu o poder de transformar, de inúmeras maneiras e em uma escala sem precedentes, tudo que o cerca. Os dois aspectos do meio ambiente humano, o natural e o artificial, são essenciais para o bem-estar do homem e para o gozo dos direitos humanos fundamentais, inclusive o direito à vida mesma.[30]

---

[29] JASANOFF, Sheila. Direito. *In*: JAMIESON, Dale. *Manual de Filosofia Ambiental*. Trad. João C. Duarte. Lisboa: Instituto Piaget, 2005, p. 339-354, p. 339.

[30] ONU – Organização das Nações Unidas. *Declaração De Estocolmo Sobre Meio Ambiente Humano De 1972*. Disponível em: <http://www.direitoshumanos.usp.br/index.php/Meio-Ambiente/declaracao-de-estocolmo-sobre-o-ambiente-humano.html>. Acesso em: 29 jan. 2014.

Importante também a sexta proclamação, que destaca as duas possibilidades de ações humanas perante o ambiente, isto é, perpetuar a destruição ambiental ou optar pela preservação para as gerações presentes e futuras:

> 6. Chegamos a um momento da história em que devemos orientar nossos atos em todo o mundo com particular atenção às consequências que podem ter para o meio ambiente. Por ignorância ou indiferença, podemos causar danos imensos e irreparáveis ao meio ambiente da terra do qual dependem nossa vida e nosso bem-estar. Ao contrário, com um conhecimento mais profundo e uma ação mais prudente, podemos conseguir para nós mesmos e para nossa posteridade, condições melhores de vida, em um meio ambiente mais de acordo com as necessidades e aspirações do homem.[31]

Apesar de, esporadicamente, o meio ambiente ter sido temática de convenções e textos anteriores, a Declaração de Estocolmo torna a questão ambiental efetivamente uma questão global, sendo paradigma para encontros que decorreriam a partir daquele momento.

Ao mesmo tempo, as diferentes Constituições nacionais também passaram, ao longo do século XX, a se preocupar com o meio ambiental. O direito ambiental se tornou parte importante do processo de preservação e cuidado com o ambiente, transformando-se em uma ferramenta fundamental para a relação homem(natureza)/natureza.

No Brasil, por exemplo, o texto constitucional tem um artigo para tutelar o meio ambiente:

> Art. 225. Todos têm direito ao meio ambiente ecologicamente equilibrado, bem de uso comum do povo e essencial à sadia qualidade de vida, impondo-se ao Poder Público e à coletividade o dever de defendê-lo e preservá-lo para as presentes e futuras gerações.[32]

O texto engloba a noção de um meio ambiente ecologicamente equilibrado como um direito para as gerações presentes e futuras. Assim, é também um dever do Estado buscar meios para garantir tal direito. A Constituição é similar a outras que têm uma preocupação com a questão ambiental.

---

[31] ONU, 2014.

[32] BRASIL. Constituição da República Federativa do Brasil de 1988. *Diário Oficial da União*. Brasília, 1988. Disponível em: <http://www.planalto.gov.br/ccivil_03/constituicao/constituicaocompilado.htm>. Acesso em: 02 fev. 2015.

Surge um problema pouco explorado a partir do momento em que o meio ambiente se torna uma preocupação estatal. Até onde o Estado pode ir para garantir o que julga ser fundamental ao ambiente, sendo movido por interesses nem sempre ambientais?

As questões ambientais, ao mesmo tempo em que são bem-vistas pela sociedade, estão hoje submetidas a diferentes interesses. Nesse sentido, o próprio Estado tem utilizado subterfúgios para garantir a realização de tais interesses que se coadunam com determinados setores, em detrimento de outros grupos.

> Promovido por *lobbies* sempre menos poderosos do que os da indústria, da agricultura, dos transportes, da promoção imobiliária, ou da energia, o direito do ambiente apenas consegue inflectir a lógica jurídica inerente às suas atividades de uma forma marginal.[33]

A construção de grandes empreendimentos que causam amplo impacto na natureza é um exemplo de como o próprio direito ambiental está, muitas vezes, submetido a outros discursos. Normalmente, o raciocínio utilizado pelo governo é a necessidade de garantir o progresso econômico.

Um exemplo dessa manobra pode ser ilustrado com o alerta feito por algumas Organizações Não Governamentais,[34] que em 28 de março de 2014 se dirigiram à Comissão Interamericana de Direitos Humanos (CIDH) da Organização dos Estados Americanos (OEA), em Washington para uma audiência.[35]

Durante a sessão, as ONGs chamaram a atenção para o fato da justiça brasileira usar a "suspensão de segurança" a fim de interromper decisões de instâncias inferiores que estariam dificultando a continuidade e a finalização de grandes empreendimentos, tais como as Usinas Hidrelétricas de Belo Monte (PA) e de Teles Pires (MT), além da estrada de ferro de Carajás (PA/MA).

No art. 15, da Lei n° 12.016/09, a chamada Lei de Segurança, encontra-se o seguinte:

---

33 OST, 1997, p. 126.

34 Justiça Global, Justiça nos Trilhos, Associação Interamericana para a Defesa do Meio Ambiente (AIDA), International Rivers, Terra de Direitos e Sociedade Paraense de Defesa dos Direitos Humanos

35 O vídeo da audiência está localizado no sítio: <https://www.youtube.com/watch?v=PSRkh1ZFwsw>.

> Art. 15. Quando, a requerimento de pessoa jurídica de direito público interessada ou do Ministério Público e *para evitar grave lesão à ordem, à saúde, à segurança e à economia públicas,* o presidente do tribunal ao qual couber o conhecimento do respectivo recurso suspender, em decisão fundamentada, a execução da liminar e da sentença, dessa decisão caberá agravo, sem efeito suspensivo, no prazo de 5 (cinco) dias, que será levado a julgamento na sessão seguinte à sua interposição. (grifo nosso)

Curioso notar que tal artigo se encontrava de maneira muito similar no art. 4º, da Lei 4.348/64 de 26 de junho de 1964, da época da ditadura militar, conforme se verifica a seguir:

> Art 4º Quando, a requerimento de pessoa jurídica de direito público interessada e para evitar grave lesão à ordem, à saúde, à segurança e à economia públicas, o Presidente do Tribunal, ao qual couber o conhecimento do respectivo recurso suspender, em despacho fundamentado, a execução da liminar, e da sentença, dessa decisão caberá agravo, sem efeito suspensivo no prazo de (10) dez dias, contados da publicação do ato.

A expressão "(...) para evitar grave lesão à ordem, à saúde, à segurança e à economia públicas" pode ser interpretada arbitrariamente pelo judiciário, em defesa dos interesses do executivo, como descrito pelas referidas ONGs no Relatório apresentado durante o 150° período ordinário de sessões da Comissão Interamericana de Direitos Humanos em 28 de março de 2014:

> O instrumento da Suspensão de Segurança permite que decisões judiciais emitidas regularmente pelo Poder Judiciário que sejam contrárias aos interesses de autoridades do Estado tenham suas execuções suspensas por tempo indeterminado. Ele afasta das vítimas de violações de direito a efetividade das decisões judiciais que as favoreçam, permitindo a continuidade das violações e tornando sem função alguma as decisões judiciais tomadas pelos juízes naturais estabelecidos pela Constituição.[36]

---

[36] JUSTIÇA GLOBAL (Brasil) *et al. Situação do direito ao acesso à justiça e a suspensão de decisões judiciais (ação de suspensão de segurança) no Brasil.* Disponível em: <http://amazonwatch.org/assets/files/2014-brazil-rights-report-portuguese.pdf/>. Acesso em: 08 abr. 2015.

Para os representantes da ONG Justiça Global, a "suspensão de segurança" vem sendo utilizada em diversos casos que envolvem decisões ambientais:

> Entre seus usos mais notórios hoje, está a suspensão de decisões dos tribunais sobre a ilegalidade de grandes empreendimentos, como hidrelétricas, rodovias e portos. Ela foi usada também no caso do complexo petroquímico do Rio de Janeiro (Comperj), contra os quilombolas da Restinga de Marambaia (RJ) e de Alcântara (MA) e na hidrelétrica de Barra Grande (SC).[37]

Com os casos relatados, é possível perceber a manobra do executivo com a participação do judiciário. Os interesses estatais e de grandes conglomerados se sobrepõem às decisões judiciais. O discurso oficial tem como pano de fundo a noção de que a interrupção de grandes obras ou a não licitação das mesmas seriam um prejuízo ao desenvolvimento do país.

Está claro que a crítica ora empregada não é contra as grandes obras governamentais que afetam a natureza, mas, sim, a arbitrariedade de como isso vem sendo efetivado. Nesse sentido, o direito ambiental se torna manipulável e sujeito a outras tantas lógicas.

> Ora, uma administração que disponha de um amplo campo de manobra é uma administração frágil, desprovida de protecções relativamente às inevitáveis pressões que exercerão sobre ela os interesses económicos dominantes (...) as normas ambientais são elas próprias disposições de compromisso, justapondo a referência a interesses, virtualmente opostos, e remetendo finalmente para a administração e para o juiz para operarem as arbitragens necessárias (...) E se subirmos um pouco, para abarcar com um único olhar o sistema jurídico todo inteiro, a contradição aprofunda-se ainda mais entre esses poucos textos de vocação protectora e uma lógica jurídica de conjunto, que favorece maciçamente a apropriação, a transformação e, por vezes, a destruição da natureza.[38]

Pode-se constatar que, no caso do Brasil, não adianta ter normas reconhecidas internacionalmente quanto ao direito ambiental, se este

---

[37] JUSTIÇA GLOBAL BRASIL. *Estado brasileiro é criticado na OEA por ainda usar lei de exceção da Ditadura Militar*. Disponível em: <http://global.org.br/programas/estado-brasileiro-e-criticado-na-oea-por-ainda-usar-lei-de-excecao-da-ditadura-militar/>. Acesso em: 08 abr. 2015.

[38] OST, 1997, p. 125-126.

mesmo direito está inserido em uma razão que não tem comprometimento com o próprio direito ambiental.

> Ora, quanto mais um texto comporta excepções e possibilidades de derrogação, maior é o poder discricionário concedido à administração encarregada de assegurar a sua aplicação, e mais delicado o controle da legalidade exercida pelo juiz a respeito da prática administrativa.[39]

O argumento de que o progresso não pode ser parado em prol do desenvolvimento de uma nação, há muito tem se tornado pretexto para que ocorram casos como os relatados. O direito, que deveria ser instrumento de justiça social, abandona tal ideal e se torna parte da construção de um estado de exceção ambiental.

CONCLUSÃO

O estado de exceção não ocorre apenas quando o estado oficialmente determina a exceção. A maneira como o Estado moderno é constituído permite que a exceção se torne regra em várias condutas estatais.

O direito ambiental, apesar de recente, também pode se inserir nessa lógica. O fato das questões ambientais serem urgentes significa que o governo pode se valer de justificativas ambientais para aplicar manobras que, apesar de aparentarem benevolências, tem como base interesses escusos.

Palavras como "desenvolvimento" e "progresso" são usadas como comprovantes para que o Estado crie mecanismos para minar os princípios do Estado Democrático de Direito. Os indivíduos ficam à mercê dessas manobras, vendo seus direitos e sua liberdade política serem tolhidas diariamente.

O rótulo "ambiental" dá, inclusive, uma maior "legitimidade" para as manobras estatais. Compreendida mediante diferentes vieses ideológicos, o que se percebe é uma gama de equívocos em torno das questões ambientais, permitindo, dentre outros aspectos, a consolidação de um estado de exceção ambiental.

REFERÊNCIAS

AGAMBEN, Giorgio. *Estado de Exceção*. Trad. Iraci D. Poleti. São Paulo: Boitempo Editorial, 2004.

---

39 OST, 1997, p. 125.

BACHELET, Michel. *Ingerência Ecológica*: direito ambiental em questão. Trad. Fernanda Oliveira. Lisboa: Instituto Piaget, 1998.

BENJAMIN, Walter. Para uma crítica da violência. *In*: BENJAMIN, Walter. *Escritos sobre mito e linguagem*. Trad. Susana Kampff e Ernani Chaves. São Paulo: Editora 34, 2011, p. 121-157.

BRASIL. Constituição da República Federativa do Brasil de 1988. *Diário Oficial da União*. Brasília, 1988. Disponível em: <http://www.planalto.gov.br/ccivil_03/constituicao/constituicaocompilado.htm>. Acesso em: 02 fev. 2015.

DERRIDA, Jacques. *Força de Lei*. Trad. Leyla Perrone-Moises. São Paulo: WMF Martins Fontes, 2010.

FOLHA DE SÃO PAULO. *2014 é o ano mais quente já registrado, aponta Nasa*. São Paulo, 17 jan. 2015, p. C8.

JASANOFF, Sheila. Direito. *In*: JAMIESON, Dale. *Manual de Filosofia Ambiental*. Trad. João C. Duarte. Lisboa: Instituto Piaget, 2005, p. 339-354.

JUSTIÇA GLOBAL BRASIL. *Estado brasileiro é criticado na OEA por ainda usar lei de exceção da Ditadura Militar*. Disponível em: <http:// http://global.org.br/programas/estado-brasileiro-e-criticado-na-oea-por-ainda-usar-lei-de-excecao-da-ditadura-militar/>. Acesso em: 08 abr. 2015.

JUSTIÇA GLOBAL (Brasil) *et al*. *Situação do direito ao acesso à justiça e a suspensão de decisões judiciais (ação de suspensão de segurança) no Brasil*. Disponível em: <http://amazonwatch.org/assets/files/2014-brazil-rights-report-portuguese.pdf/>. Acesso em: 08 abr. 2015.

MAC DOWELL, João, A., S. J. Aspectos Fundamentais do Pensamento Ético de Padre Vaz. *In*: *Veredas do Direito*. Belo Horizonte, V. 1, n° 2, 2004.

OLIVEIRA, Manfredo Araújo de. Cultura e Natureza. *In*: *Síntese Nova Fase*. Belo Horizonte. vol. 19 n. 58, 1992, p. 285-291.

ONU – Organização das Nações Unidas. *Declaração De Estocolmo Sobre Meio Ambiente Humano De 1972*. Disponível em: <http://www.direitoshumanos.usp.br/index.php/Meio-Ambiente/declaracao-de-estocolmo-sobre-o-ambiente-humano.html>. Acesso em: 29 jan. 2014.

OST, François. *A Natureza à margem da Lei*: a ecologia à prova do direito. Trad. Joana Chaves. Lisboa: Instituto Piaget, 1997.

REIS, Émilien Vilas Boas; THIBAU, Vinícius Lott. A Cidade e o Estado de Exceção. *In*: CARVALHO, Newton Teixeira; REIS, Émilien Vilas Boas (Org.). *Cidade, Eventos Esportivos e Estado de Exceção*. Belo Horizonte: Del Rey, 2014, p. 01-34.

TAYLOR, Charles. *A ética da autenticidade*. Trad. Talyta Carvalho. São Paulo: Realizações Editora, 2011.

VAZ, Henrique Claudio Lima. *Escritos de Filosofia II*: Ética e Cultura. São Paulo: Loyola, 2000.

CAPÍTULO II

O SOBERANO NA CONSTRUÇÃO E MANUTENÇÃO DO ESTADO DE EXCEÇÃO

Mariza Rios
Newton Teixeira Carvalho

INTRODUÇÃO

Discorreremos neste trabalho sobre biopolítica, demonstrando, com fundamentos em diversos autores, que ainda persiste nos tempos atuais, o soberano, decidindo sobre os destinos de inúmeras vidas, se devem continuar vivas, embora despidas de direitos (vida nua) ou se, de imediato ou após inúmeros sofrimentos, devem morrer.

Demonstraremos, por conseguinte, que o ser humano é mero objeto, na biopolítica, e que Agamben não deixa de ter razão quando retoma as colocações de Walter Benjamin, de que estamos em um permanente estado de exceção, com a incorporação ou aceitação, na biopolítica, da excepcionalidade como técnica de governo.

Conforme esclarece Agamben (2002, p. 9), necessário trazer ao debate, para uma melhor compreensão da biopolítica, a distinção que os gregos faziam entre *zoé* e *bíos*. Lembra-nos esse autor que os gregos reportavam-se à palavra *zoé* para significar o viver que igualava todos os seres vivos, na simples vida natural. É a vida nua. O termo *bíos*, por sua vez, indicava a maneira de viver de um grupo ou de um indivíduo, isto é, uma vida qualificada ou um modo particular de vivência. É a vida política.

Portanto, a simples vida natural, no mundo clássico, é excluída da *polis*. Podemos, no momento presente, viver distante da política, se permanecermos apenas na *zoé*. Porém, devemos ir além e adentrar na *bíos*, por meio de nossa capacidade de existência política, se assim o desejarmos e também se não formos cerceados em nossas liberdades, como acontece na biopolítica. Esse era um percurso natural a ser percorrido pelo ser humano, da *zoé* à *bíos*, da vida natural à vida humana, exercitada mediante ações políticas, no espaço público, uma expansão da *polis* para além de um limite geográfico, previamente delimitado.

Nos dois termos aludidos (*zoé* e *bíos*), distingue-se a afirmação aristotélica (ARISTÓTELES, 2000, p. 146) segundo a qual o homem era um "animal vivente e, além disso, capaz de sua existência política". Entretanto e como afirma Agamben (2002, p. 15), "problemático é justamente o significado daquele 'além disso' a permitir o entendimento de que a política era o lugar propício a transformar o viver em viver bem". Portanto, o objeto da política é transformação da vida nua (*zoé*). É a transformação da voz, pertencente a todos os viventes, em linguagem, singular aos homens.

Essa analogia entre linguagem (*bíos*) e voz (*zoé*) é admissível, a partir de Aristóteles, ao afirmar que é na *polis* que ocorre a travessia da voz à linguagem, o que leva Agamben (2002, p. 15), a partir desta assertiva, fazer as seguintes interrogações: "de que modo o vivente possui a linguagem?" e, por conseguinte, "de que modo a vida nua habita a *polis*?".

A partir de então, a dupla categorial, de fundamental importância na política ocidental, conforme ressalta Agamben (2002, p. 16), não é o amigo-inimigo. Para este autor, agora estamos diante da vida nua-existência política (*zoé-bíos*), exclusão-inclusão, eis que "A política existe porque o homem é o vivente que, na linguagem, separa e opõe a si a própria vida nua e, ao mesmo tempo, se mantém em relação com ela numa exclusão inclusiva".

Desse modo e nessa comparação entre poder soberano e vida nua, Agamben ressuscita a figura do *homo sacer*[1] e, nesse sentido, retorna à vida nua que, no dizer do citado autor, é a "vida matável e insacrificável", como função essencial na política moderna.

---

[1] *Homo sacer*: aquele que todos podiam matar, porém o Estado não podia sacrificá-lo. Portanto, a vida deste homem era incluída, por exclusão, no ordenamento jurídico.

Neste ponto, Agamben, lendo a tese foucaultiana afirma que ela carece de ser repensada, ou seja,

> [...] aquilo que caracteriza a política moderna não é tanto a inclusão da *zoé* na *polis*, em si antiguíssima, nem simplesmente o fato de que a vida como tal venha a ser um objeto eminente dos cálculos e das previsões do pode estatal; decisivo é, sobretudo, o fato de que, lado a lado com o processo pelo qual a exceção se torna em todos os lugares a regra, o espaço da vida nua, situado originariamente à margem do ordenamento, vem progressivamente a coincidir com o espaço político, e exclusão e inclusão, externa e interna, *bíos* e *zoé*, direito e fato entram em uma zona de irredutível indistinção. (AGAMBEN, 2002, p. 16)

Assim, ao mesmo tempo em que na democracia moderna, o homem deixa de ser objeto do poder político, contraditoriamente, com a biopolítica, retorna à condição de objeto adestrado às mãos dos governantes, o que caracteriza o surgimento da biopolítica. Na biopolítica a discussão retorna à vida nua, ao corpo biopolítico do cidadão, à *zoé*, à inclusão/exclusão desta vida na política ou, pior, se deverá ser incluída por exclusão, cabendo ao soberano, ainda neste século XXI, a decisão de apartar as pessoas da *bíos,* a qualquer momento, deixando-as viver exclusivamente na *zoé*, reduzindo assim, a vida humana à mera vida natural. É o que podemos chamar de coisificação do ser humano.

Por fim, nossa pretensão é demonstrar que uma das maiores dificuldades ou desafio da Democracia, na atualidade, é superar os poderes biopolíticos do soberano, que coloca, friamente, a liberdade e a felicidade dos homens na *zoé*, quando o caminho deveria permanecer na *bíos*, permitindo que a busca pelo bem seja através de práticas discursivas e não pela imposição do soberano na biopolítica, cabendo-lhe decidir o destino de todos, dentro ou fora de um determinado espaço geográfico.

1. O SURGIMENTO DA BIOPOLÍTICA COMO TÉCNICA DE GOVERNO

Conforme ressalta Ruiz (2012, p. 1-5), o termo biopolítica é anterior a Michel Foucault que resgatou o conceito criado pelo pensador sueco Rudolph Kjellen, em 1916, para quem o “Estado é semelhante a um organismo vivo que necessita crescer para existir". Aliás, Kjellen, na mesma obra *Staten som livsform*, evidenciou outro termo, qual seja geopolítica, também festivamente recebido para justificar desmandos diversos praticados pelas ditaduras, como o caso brasileiro no ano de 1964.

Assim e por intermédio de Kjellen não foi difícil, por derivação, chegar à tanatopolítica, com o aniquilamento das vidas inúteis em nome do desenvolvimento de vidas melhores. É a implantação da política de mortes seletivas ou a aplicação da Lei de seleção (des)natural pelo soberano que, neste momento, volta a parodiar a figura "Deus", nesta confusa e retrógrada simbiose, ainda existente, entre teologia e política.

Destarte, não é difícil concluir que Foucault foi o maior crítico da biopolítica, enquanto os dois autores, anteriormente citados, entendiam que política e biologia deveriam se fundir, nessa excrescência chamada de Biopolítica, que acabou, na prática, tornando-se uma Biopolícia e, por conseguinte, olvidando o Estado Democrático de Direito.

O comportamento antidemocrático, alienado e enfermiço do biólogo Uexküll, que transformou todos nós praticamente, para não falar em ameba, em um agrupamento de rebanhos (biopolítica, vida nua) cercados em um curral (geopolítica) é destacado pelas seguintes colocações do filósofo Ruiz:

> Uexküll faz referência direta ao Estado alemão e compara os problemas do Estado com as patologias do corpo. Uexküll incorpora na biopolítica a lógica patológica. A perspectiva biopolítica da patologia possibilitou a Uexküll identificar no Estado agentes patológicos que ameaçam o conjunto do corpo social, de igual forma que ameaçam o corpo dos indivíduos. Uexküll traça um paralelo biopolítico entre corpo biológico e sociedade. Assim como o corpo para sobreviver tem que eliminar os agentes patológicos que ameaçam sua existência, o Estado deve extirpar as ameaças internas que desafiam seu crescimento ou até sua existência. Uexküll ainda especifica que patologias como a greve ou a democracia são formações cancerosas que têm que se extirpar junto daqueles que a as promovem. Para Uexküll, o Estado é um entre orgânico que se organiza hierarquicamente, e não democraticamente. Não sãos os tecidos que decidem o que se deve fazer, mas é o cérebro que tem o privilégio exclusivo de comandar o corpo. No corpo não há democracia, mas hierarquia funcional. Algo que o Estado deveria imitar para ser fiel à sua natureza orgânica. (RUIZ, 2012, p. 1)

Também Morley Roberts, em 1938, na obra *Bio-politics. An essay in the physiology, pathology and politics of social and somatic organism*, busca na biologia a explicação para a vida em sociedade e igualmente acentua a relação existente entre política e medicina, eis que as questões sociais deverão ser tratadas como moléstias de um corpo.[2] E afirma, conforme Ruiz (2012, p. 1): "o estudante de biologia política deveria estudar os comportamentos nacionais das massas e seus resultados como se fossem secreções e excrescências em desenvolvimento".

A respeito do desvirtuamento da política em geopolítica e biopolítica, acrescenta Ruiz, em síntese muito importante:

> A geopolítica e a biopolítica de Kjellen foram desenvolvidas numa leitura claramente racista, entre outros, por teóricos como Friedrich Ratzelk e Karl Haushofer. Os estudos geopolíticos e biopolíticos desses autores desembocaram diretamente no conceito nazista de espaço vital (*lebensraum*). (RUIZ, 2012, p. 2)

Com isso, a genealogia do conceito biopolítica nos remete diretamente a uma de suas consequências mais perversas: a destruição das vidas inúteis em nome do crescimento das vidas melhores. A biopolítica de Kjellen deriva imediatamente numa tanatopolítica. Essa, por sua vez, justifica-se como uma política de mortes seletivas com objetivo de "cuidar" a vida dos cidadãos melhores ou mais importantes. Já na sua origem, a biopolítica mostrou que seu lado mais obscuro desemboca inevitavelmente numa tanatopolítica. Ela não se legitima como um poder despótico arbitrário, mas como uma política eugenista para o bem da maioria dos cidadãos. O objetivo biopolítico da tanatopolítica é defender a sociedade de "vidas indignas de ser vividas" (termo utilizado nas obras da época) e assim também "vidas perigosas".

Além disso, Uexküll desenvolve biopoliticamente o conceito de parasita. Os parasitas vivem no corpo sugando sua energia e debilitando-o. "[...] O Estado é um corpo social que deve identificar suas

---

2 Faltou a este biólogo, a exemplo dos outros biólogos aludidos neste trabalho, descrever a cura, através de medicamento, dos "problemas sociais", a exemplo do que pretendem fazer alguns congressistas, agora, neste país, com os issoafetivos, Se bem que, pela colocação desses adeptos negativos da biopolítica, mais fácil seria receitar veneno, extirpando, de imediato, os *problemas biológicos sociais*.

parasitas e, como faz qualquer médico para defender o corpo, extirpá-los mediante a eliminação física" (RUIZ, 2012, p. 2).

Conforme sabemos, a biopolítica sobrepôs a tais teses, por intermédio do nazismo e fascismo, regimes de governo que encamparam, até as últimas consequências, os absurdos e os teratológicos ensinamentos acima transcritos, projetando o Estado à dimensão biológica naturalista.

Contrapondo-se à biopolítica, como absurda manifestação, surgiram também diversos pensadores contemporâneos, cientes da depravação filosófica e do barbarismo político advindos do falso liame entre medicina/biologia e política, a aniquilar a democracia. Nesse sentido, destaca-se Emmanuel Lévinas, em artigo publicado em 1934 – *Algumas reflexões sobre a filosofia do hitlerismo* – na revista Sprit, n. 26. Para esse autor, o nazismo, laboratório da biopolítica, era perigoso precisamente por exaltar o corpo, o sangue e a raça como partes do ser.

Walter Benjamin, em seu ensaio de 1932, portanto antes de Lévinas, sem utilizar a palavra biopolítica, desenvolve o termo que foi retomado posteriormente por Agamben, em suas diversas obras, chamado de vida nua, isto é, a vida humana que, em razão da cessação dos direitos e de ser domada pelo estado de exceção, sobrevive como pura vida biológica.

Nesse sentido, Benjamin almeja evidenciar o contrassenso da relação entre direito e vida humana. A vida torna-se refém do direito que a normatiza – dentro da ordem com a obrigação de resguardar a ordem. Assim, o Direito se sobrepõe à vida, seu cerne é, na verdade, a preservação da ordem. A vida para o Direito passa a ser o meio utilizado para garantir a ordem. E, nesse estado de exceção, voltamos à mera vida natural (*zoé*).

Destaca-se, também, neste momento, a importância de T. Adorno e H. Marcuse, quanto à demonstração dos efeitos biopolíticos do capitalismo. Nota-se que esses pensadores não utilizaram o termo biopolítica, mas Adorno, aplicando o conceito de *sociedade administrativa*, evidencia que no capitalismo tudo se restringe a uma administração eficiente e lucrativa, inclusive a vida humana. Marcuse, por sua vez, com o *homem unidimensional*, demonstra que o capitalismo inibe o crescimento de subjetividades livres com a padronização unidimensional dos desejos, gostos e condutas. E, por fim, Foucault, utilizando esses dois conceitos, sintetizou-os como *governamentalidade biopolítica das populações*.

Para Foucault, a biopolítica não se esgota na tanatopolítica. Vai além, muito além. Aliás, Ana Arendt (2010) assim também concluiu, cerca de 20 (vinte) anos antes, apesar de ser praticamente ignorada por Foucault. Por conseguinte, os dois autores acabam por afirmar que a biopolítica não se prende no aniquilamento da vida inútil, mas sim em tornar a vida útil produtiva. É a vida humana operária.

Com relação à Arendt, que também não utiliza o termo biopolítica, na investigação sobre o conceito moderno de sociedade, correlacionando-o com a antiga *oikos* grega, permitiu uma linha de vinculação com o governo biopolítico da vida humana. O espaço da vida cidadã é desenvolvido na *polis*. O lugar de deliberação e autonomia é a *ágora*. Na *oikos* grega ou no lar romano os espaços são de administração e governo da vida natural (*zoé*). Há obediência ao chefe da casa, portanto, não há deliberação na *oikos*, mas apenas administração das condutas dos sujeitos, como faz a biopolítica.

Ressalta-se, além disso, em Arendt, que o conceito de sociedade era desconhecido na Antiguidade, porém, corresponde à antiga *oikos*, eis que é um espaço subtraído da deliberação política. A política, na sociedade moderna, restou confinada ao Estado. A sociedade foi estabelecida como espaço da gerência privada e corporativa dos negócios e não como ambiente deliberativo da democracia. Tanto na *oikos* como na sociedade não se delibera politicamente, apenas se gerencia funcionalmente. Assim, nesses espaços não há autonomia, mas apenas governo de potencialidades dos sujeitos.

Foucault, por sua vez, apesar de não fazer menção às teses biopolíticas de Arendt, como já ressaltado, utilizou pela primeira vez o conceito de biopolítica na conferência que ministrou na Universidade Federal do Rio de Janeiro (UFRJ) em 1974, ao falar do nascimento da medicina social. As pesquisas sobre biopolítica foram ampliadas por esse autor, sobretudo no último capítulo da *História da sexualidade I.* A vontade de saber, publicado em 1976, em que aborda o tema "Direito de morte e poder sobre a vida"; sem olvidar os três cursos que ministrou no *College de France* entre os anos 1975 e 1979, todos com a mesma temática.

Conforme Ruiz, as pesquisas de Foucault tiveram o mérito de resgatar o conceito de biopolítica e de nos permitir fazer uma "arqueologia das práticas e dos saberes modernos que fizeram da vida humana um objeto útil de governo" e também para ressaltar a "funcionalidade utilitarista que alimenta a lógica biopolítica das instituições modernas, em especial o Estado e o mercado" (RUIZ, 2012, p. 4).

Para Foucault, a vida humana, na biopolítica, é um recurso natural, razão do "cuidado" da política com ela que, se não cuidada/*cultivada*, poderá afetar a potência dos resultados perante a sociedade. Portanto, há necessidade de tornar a vida cada vez mais produtiva e, por conseguinte, lucrativa. Procura-se cuidar da vida, enquanto útil, isto é, enquanto produtiva e eficiente. Abandona-se-lhe, quando inútil, ou seja, quando inapta à produção de resultados destinados à manutenção do sempre em crise, capitalismo. Novamente, verifica-se o retorno à *zoé*, ao mundo exclusivamente animalesco. Somos meros produtores e reprodutores, porém e até mesmo neste reproduzir, há o cuidado com a vida nua, como também futura produtora, num ciclo por meio do qual o que interessa é o mercado e não o ser humano.

Ruiz, nesse sentido, em outro artigo publicado na Revista IHU Online (*A economia e suas técnicas de governo biopolítico*), destaca outra importante contribuição de Foucault ao debate político, derrubando a pressuposição do "contrato social" como fundador do Estado, bem como trazendo novas reflexões sobre poder constituinte originário, ao esclarecer:

> Na aula no Collége de France de 10 de janeiro de 1979, no curso que denominou Nascimento da biopolítica, Foucault desenvolve a tese de que o Estado e o mercado modernos, ao contrário do que comumente se ensina, não são instituições criadas de forma voluntarista ou por um ato instituinte de algum grupo social. Sua existência não tem um lócus ou um princípio originário único. Nem arché nem lócus: a genealogia do Estado e do mercado modernos remete aos processos de surgimento das práticas discursivas de governo. Ambas as instituições emergem como espaço articulador das variadas práticas de governo da vida que tinha se desenvolvido nas diversas áreas das sociedades. (RUIZ, 2012a, p. 2)

Por fim, para terminar a síntese sobre os autores que trabalham com a biopolítica, questionando-a, é que nos socorremos de Giorgio Agamben, para demonstrar que, por meio da biopolítica, a vida humana foi capturada e governada pela exceção. É neste momento que

Agamben se socorre do *homo sacer*, a evidenciar que, desde o direito romano, política e direito tiveram por objetivo a captura da vida humana e de uma administração governamental submissa à ordem.

Agamben ampara sua tese em Benjamin (estado de exceção), passando por Arendt (o governo da *oikos* grega) e, ainda, utilizando-se das pesquisas de Foucault (vida útil, vida inútil), razão da importância deste pesquisador, no que diz respeito à análise da biopolítica.

2. AS TÉCNICAS DE GOVERNO APLICADAS NA BIOPOLÍTICA

Na biopolítica foram desenvolvidas e experimentadas técnicas de governabilidade da vida humana. Para tanto, diversos saberes participam desse poder de governar, a exemplo da medicina, do urbanismo, do social, da segurança e, conforme visto acima, da economia que possui sua ramificação em todas estas áreas, em razão do desejo constante e desesperado de produção de lucro, ou seja, da eficiência do governo.

Há espaços para a produção de verdades (espaço de *veridição*) e de discursos, com a formatação dos sujeitos que deverão ocupá-los. Sobre esses discursos e verdades nos diversos espaços, inclusive instituídos para o afastamento das pessoas da vida pública, observa Ruiz:

> Cada espaço produziu verdades e discursos sobre os sujeitos e a vida a ponto de produzir os sujeitos desses espaços e o seu modo de vida. O manicômio produziu discursos sobre a loucura, mas também construiu o louco: o padrão de normalidade e a loucura que levou a definir os sujeitos. A prisão criou verdades sobre o criminoso, seu controle e vigilância, ao ponto de induzir um modo de subjetivação pela disciplina do panoptismo. As técnicas de governo se tornaram também modos de subjetivação e espaços criados de verdades. (RUIZ, 2012a, p. 4)

O citado autor, discorrendo sobre a biopolítica, afirma que "as técnicas de governo visam sujeitos vivos que deviam ser cuidados como pacientes, vigiados por segurança, ordenados por urbanismo, controlados pelos impostos, treinados como recursos produtivos" (RUIZ, 2012a, p. 4). Enfim, na biopolítica há um adestramento da vida humana, que passa a ser monitorada pelo governante, como mera produtora de lucro em um processo perverso onde lucro sobrepõe-se ao humano.

Na mesma paisagem, inúmeras outras verdades foram construídas visando a implantação de biopolíticas e, também, em manifesto prejuízo da democracia. A possibilidade de criação de verdade, pelo poder constituído, é extremamente perigosa, eis que escapa do controle social e acaba prevalecendo, se acompanhado de um retórico discurso, cujo escopo único é o de contribuir na implementação das verdades necessárias naquele momento, legitimando atos autoritários ou ilegais ou até mesmo a perpetuação no poder. Pior é ainda quando tais verdades tornam-se práticas rotineiras e, no plano real, são transformadas em leis. Razão pela qual os discursos políticos também precisam ser debatidos, antes de se tornarem propostas de normatização.

O campo das consequências de verdades produzidas pela biopolítica levou à subdivisão estratégica entre povo e população. A soberania, antes monopolizada pela vontade do soberano, foi transferida, na modernidade, ao povo, que passa a ser o sujeito da soberania (como sujeito formal e jurídico dos direitos). O povo é imanente à soberania. Do povo emana o poder e a ele são destinados todos os direitos fundamentais.

Surge, entretanto, a categoria de população, desenvolvida conjuntamente com o povo, como objeto a ser governado que, em se tratando de economia política, apresenta-se por intermédio dos discursos sobre segurança, saúde, urbanismo, dentre vários outros. Na biopolítica a população é definida como o agrupamento da vida humana natural, a ser administrada segundo sua natureza, considerando, para tal, suas tendências e necessidades.

Portanto, nesta dicotomia estratégica, fica o povo como sujeito de direito e a população como objeto concreto a ser governado, como mero instrumento de governo. O povo é soberano. A população é administrada. A tensão entre povo e população, por conseguinte, é constante. Em determinado momento povo e população é uma mesma coisa e em outro a bipolaridade repelente ressalta-se pelas mãos dos governantes. Portanto, conclui-se que todos nós "somos concomitantemente sujeitos/cidadãos e população: somos diferentemente atraídos e tensionados pelo discurso formal dos direitos e as práticas concretas de governabilidade".[3]

Ressalte-se que, nos tratados clássicos de filosofia política, o termo população é ignorado. O que se questionava, até então, era a relação povo/soberania. O termo população passou a ser utilizado no século XVI, de forma negativa, como sinônimo de povoamento, povoação, conforme nos ensina Ruiz, no artigo *A economia e suas técnicas de governo biopolítico*.[4]

Assim e a partir do século XVII o termo população foi criado, por intermédio dos discursos econômicos (espaço de *veridição*), para demonstrar a importância da vida humana para o poder. A partir desta verdade produzida, correlacionando política com a vida humana, é que surge a biopolítica. A população, além de força produtiva, é indispensável para a arrecadação fiscal do governo. Portanto, para se tornar a população potência produtiva, necessário era adestrá-la, normalizando-a. Sendo assim, imprescindível governar a população a partir de sua natureza, retirando-a do âmbito da ética, do direito, das decisões legais e da democracia.

Francisco de Guimaraens (2006, p. 152) analisa a identificação, em Spinoza, do sujeito político, fundador do espaço político e do direito, como necessário para legitimação do exercício do poder, ressaltando que Spinoza entende que este sujeito político é a multidão, sempre considerada como maldita.

A multidão spinoziana, aludida por Francisco Guimaraens (2006, p. 154), que demonstra, cabalmente, não ser nação, povo ou plebe, poderá ser entendida aqui, permita-nos, como população, termo também menosprezado na teoria política. Assim e se tratarmos multidão e

---

3 Foucault na aula de 25 de janeiro de 1978, com relação à obra *Segurança, território e população*.

4 Ruiz afirma: "A importância da população aparece em contraste com a soberania. Para o soberano tradicional, o poder era medido pela extensão do território que ocupava e pelo número de riquezas que detinha. A população era um dado secundário, a maioria das vezes insignificante e só importante à medida que dela poderia requisitar para a guerra ou outras funções. Era importante que houvesse uma população numerosa sempre, obediente aos ditados do soberano e dócil aos trabalhos por ele requisitados".

população, como expressões idênticas, devolveremos a ela a condição de sujeito político por excelência e, por conseguinte, a divisão entre povo (sujeito de direito) e população, como objeto de direito, não poderia mais servir de pretexto de legitimação da biopolítica. Guimaraens, discutindo o termo multidão em Spinoza, afirma que:

> Uma importante questão que orbita o conceito de multidão envolve sua revalorização, buscando-se negar a suposta negatividade caótica que invariavelmente se lhe atribuiu. A multidão consiste no sujeito político de caráter coletivo que funda o estado civil e o direito. Trata-se do fundamento real e efetivo do exercício do poder, sem o qual toda a política perderia sustentação necessária. A multidão determina a constituição da política e do direito mediante sua ação. (GUIMARAENS, 2006, p. 154)

Caso não façamos tal assimilação, a população, na biopolítica, continuará como mero objeto natural, que carece de governabilidade por meio de dispositivos e técnicas de normatização. Despida continuará a população de autonomia e, por conseguinte, sem liberdade, por não ser considerada como sujeito de direito. Dessa forma, continuará não existindo autogoverno democrático da população, que permanecerá governada, como objeto natural, cientificamente. Portanto, não existe espaço democrático nesta população criada pela biopolítica. É a biopolítica a perpetuação da violência.

Assim a democracia, no governo da população biopolítica, é repelida ou reduzida ao mínimo possível, por não ser natural, além de sua imprevisibilidade, o que não é admitido pelas técnicas de gerenciamento, cujo escopo principal é a constante busca da eficiência e do processo de normalização, para se administrar com previsibilidade.

Esse processo ou técnica de normalização é uma estratégica que tem por finalidade formatar o comportamento da população nas verdades/padrões definidos, pela biopolítica, como normais. É, por conseguinte, também técnica de sujeição, através da normalização de condutas, nos inúmeros espaços não encampados pela lei. É uma inclusão através da normalização.

Dentre essas técnicas econômicas, a biopolítica encampou, de imediato, o desejo, normalizando-o, atuando de forma calculada sobre a população. É certo que na população/multidão, face à pluralidade de pessoas, existem pretensões diversas. Porém e com relação à natureza humana, há algumas invariantes, a exemplo do desejo, capturado pela biopolítica, conforme destacado, a partir do século XVIII, pelos teóricos da economia política.

O desejo motiva, naturalmente, a população à ação, por intermédio do agir do sujeito. Desejando a pessoa se sente em liberdade, por entender que está agindo espontaneamente, a ponto de, se frustrado o desejo, se sentir pessoa não liberta. Portanto, governam-se os desejos, principalmente considerando a conexão deles com o conceito de interesse, também importantíssimo à biopolítica. Ressalta Ruiz[5] que "o desejo se movimenta por interesse, o interesse perfaz o desejo", havendo "uma imbricação entre interesse e desejo que condiciona o agir da população. O desejo é a busca do interesse, mas o interesse também está conformado pelo desejo. Deseja-se o que interessa, interessa-se por aquilo que se deseja". Portanto e através de técnica de governo os desejos são regulamentados, incluindo-os no marco das necessidades e demandas socialmente exigidas. Há, através do desejo, uma produção artificial de interesses coletivos. Por conseguinte, a política restou absorvida pela administração das populações, a partir do desejo.

Ressaltamos que o soberano renasce fortalecido no estado de exceção a ponto de Agamben afirmar que estamos em permanente estado de exceção, posto que, na biopolítica, como "produtora" de verdades, a ordem jurídica e a política estão renegadas, eis que a decisão do soberano é que prevalece. É por tal razão que altercaremos, no próximo tópico, sobre a contribuição de Agamben à teoria política dos tempos atuais.

---

5 Destaque para as seguintes colocações: "A administração eficiente deve saber implementar uma produção 'espontânea' do interesse coletivo através do desejo". "A problematização do desejo como espaço biopolítico do governo humano tem-se sofisticado ao extremo. Na atualidade, poderíamos dizer que o melhor governo não é aquele que aprendeu a governar os desejos, mas aquele que consegue produzir desejos. As novas técnicas de governo biopolítico não se limitam a governar os desejos, mas os produzem. Nesse sentido a biopolítica excedeu em grande parte sua pretensão originária de produzir formas de governo dos outros e se transformou uma imensa maquinaria de produção de subjetividades. O princípio reitor da biopolítica contemporânea diz que o melhor governo não é aquele que se limita a governar, mas aquele que produz os governados" (RUIZ, 2012a, p. 6).

3. VIOLÊNCIAS PERPETRADAS PELA BIOPOLÍTICA. O "MUÇULMANO" COMO PARADIGMA DA BIOPOLÍTICA

"Muçulmano" era o apelido pejorativo dos prisioneiros dos campos de concentração que, em consequência de suas debilidades físicas e mentais – verdadeiros "esqueletos humanos" –, com a redução da vida humana a mera sobrevivência biológica. Assim, estes seres desumanizados pela biopolítica, apenas por instinto de sobrevivência, permaneciam por várias horas, dobrados sobre os joelhos, com a cabeça inclinada, a exemplo dos muçulmanos em oração diária.

A comparação muçulmano/prisioneiro dos campos de concentração, na Alemanha, não é atualmente correta, eis que poderá despertar ou disfarçar um possível preconceito religioso, porém e considerando que os prisioneiros dos campos de concentração, em estado terminal, assim foram rotulados por Agamben, entendemos, por coerência e para facilitar a compreensão do tema, manter a comparação.

A figura do muçulmano foi retratada por Agamben (2002) na obra *O que resta de Auschwitz. O arquivo e a testemunha* e também no livro o *Homo Sacer – O poder soberano e a vida nua I.* Pretendeu este autor colocar o muçulmano como o paradigma da biopolítica. É a vida diminuída ao limite de pura sobrevivência biológica. O muçulmano, como *homo sacer* piorado, causava impacto nos que adentravam ao campo de concentração, eis que, mais cedo ou mais tarde, todos acabavam "muçulmanizados" naquele espaço biopolítico. Portanto, todos testemunhavam os absurdos que aconteciam naquele local sem poder se manifestar validamente eis que, naquela condição, a debilidade neuronal era tamanha que lhes impossibilitava falar correta e inteligivelmente.

As palavras dessas pessoas "muçulmanizadas" eram desconexas. E, se para Aristóteles, a linguagem com sentido é o que diferença o humano do animal, o "muçulmano" era a regressão do humano à condição animal. Assim e não obstante testemunha presencial de tudo, o "muçulmano" não podia testemunhar nada, em razão da perda da linguagem pela privação da palavra. É por tal razão que o "muçulmano" constituiu o paradigma das vítimas da violência biopolítica até o presente momento e, pior, existem, nos tempos atuais, muitos "muçulmanos", em razão de uma vida indigna que a biopolítica produz.

Agamben (2002) suscita a questão envolvendo os enfermos comatosos, se são pessoas humanas ou não e, o que é mais importante, a decisão: se são eles pessoas ou meros corpos vivos, pertencem a quem? O feto é vida humana ou não? São questões bioéticas. Também há que se enxergar a figura do "muçulmano" na pessoa do torturado, eis que se encontra, a exemplo do "muçulmano", capturado e trancafiado, nos porões das Delegacias e das ditaduras ainda existentes em diversos países.

Ruiz ao falar sobre o torturado, comparando-o ao "muçulmano", bem como demonstrando, a exemplo de Agamben, a perpetuidade do estado de exceção em diversos acontecimentos da vida em sociedade, esclarece:

> O torturado compartilha com o muçulmano a condição de uma vida capturada pela estratégia biopolítica do campo, o campo do torturado são os porões. Nos porões o direito fica suspenso e a exceção se transforma em norma. A vida capturada nos porões está sob o arbítrio da vontade de um soberano que decide fora de qualquer direito. O estado de exceção vigora nos porões como norma biopolítica que submete todas as vidas ali conduzidas. Os porões estão representados pelo Dops no Brasil, pela Esman da Argentina, por Guantânamo em Cuba ou ainda apelos inúmeros espaços anônimos em que ainda se aplica a tortura. Todos eles se reconhecem como campos em que a exceção vigora como norma e a vida humana se encontra sob o arbítrio de uma vontade soberana. Neles a tortura se tornou uma técnica biopolítica normal. A tortura e o torturado constituem a norma dos porões biopolíticos. (RUIZ, 2011c, p. 2)

Na tortura, nas prisões ou campos ainda existentes, não "basta deixar viver, urge fazer sofrer", eis que nestes locais a exceção é norma biopolítica de governabilidade. Viver, nesses sítios, é mais doloroso do que morrer. Portanto, vivemos sim em um permanente estado de exceção, eis que vidas humanas, diariamente, estão sob a ameaça de alguns entre vários os soberanos criados pela biopolítica, a reduzir a vida humana à mera vida natural. Na biopolítica há a destruição do sujeito, em vida.

Na verdade, no "muçulmano" e no torturado, mais uma vez a ortodoxia do Direito contribui para a manutenção do estado de exceção ou para a repetição, de tempos em tempos, desses lastimáveis acontecimentos. Como sabemos, com a testemunha, busca-se a recomposição de fatos objetivos. É a busca da verdade objetiva. Do contrário, de nenhum ou de pouco valor são as declarações das vítimas, que ficam reduzidas, pelo ordenamento jurídico, a meras informações. Depois, vítimas remanescentes de campos de concentrações ou de torturas, quase sempre estão impossibilitadas de testemunhar os acontecimentos pretéritos que, além de serem considerados subjetivos quando relatados por elas, também geralmente não estão, estas vítimas, em condições de prestá-los ou são desacreditadas, eis que "muçulmanizadas".

Mediante a estratégia de nulificação do testemunho da vítima, existe outra mais perversamente utilizada pela biopolítica, que é a de ocultar, para olvidar as consequências de suas atrocidades perpetradas em desprezo à vida humana. Por intermédio das estratégias de esquecimento, garantida fica a impunidade dos verdugos e, lado outro, a violência é naturalizada como garantia de impunidade.

Depois, para existir história, necessário é que os fatos sejam contados. Assim, sem narrativa de fatos não há história ou, se expostos de maneira conveniente, essa história será a contada e não a acontecida. É por tal razão que os regimes autoritários investem em narrativas para justificar o estado de exceção e a violência perpetrada durante algum período excepcional.

A naturalização e a institucionalização da violência biopolítica significa, a nosso ver, a permanência de atos de estado de exceção, que viram rotinas e acabam tolerados e até mesmo encampados pela sociedade, como as torturas, os maus tratos, as técnicas de interrogatórios, exercitadas e aperfeiçoadas nas Delegacias de Polícia, a matança sumária, os sumiços dos "presos para averiguação". Sem desprezar o policiamento ostensivo e à baioneta, bem como a "polícia de pacificação",[6] a Justiça secreta nos Estados Unidos, por exemplo, dentre vários outros atos absurdos praticados no dia a dia, tudo pode ser entendido, com normalização de tais fatos, causas pelas quais o estado de exceção tornou-se regra.

---

6 Ressalta-se a adjetivação. O correto é a utilização do termo polícia. A partir do momento da adjetivação, a dúvida que fica é com relação ao remanescente da polícia, se é ou não pacífica!

Por intermédio de Agamben (2008) podemos, ainda, fazer interessante analogia entre a história e o direito, também como espaços de produção de verdades e, para confirmar estas verdades produzidas, aparecem os dogmas (a teologia não se faz presente apenas na política). Agamben afirma que o direito não pretende o estabelecimento da justiça e também não se preocupa com a verdade, mas sim estabelecer o julgamento por meio do processo. Ocorre que o processo já é um transtorno, uma sanção e, quando se trata de provar a inocência, é uma violência contra vários princípios constitucionais. Depois, advindo o julgamento, encerrada encontra-se a possibilidade de certificação da verdade e da justiça, que são substituídas pela sentença. A coisa julgada sepulta qualquer injustiça praticada, ao impedir, raríssimas exceções, novo julgamento. Através do julgamento e da coisa julgada, várias atrocidades são legitimadas ou sepultadas e, tornam-se, com isso consequências das verdades produzidas e dogmatizadas pelo direito.

Benjamin, citado por Ruiz, ao desenvolver o conceito de catástrofe, no curso da história, afirma que,

> [...] Enquanto a modernidade vê o progresso como uma lei inexorável dos vencedores, o anjo da história olha para trás e percebe que esse progresso está fabricado sobre multidões de vítimas da história. 'Onde vemos acontecimentos, ele vê uma catástrofe única'. O anjo gostaria de voltar e ajudar os vencidos da história, mas um vento impetuoso (o progresso) o impede. A leitura da história desde os vencidos levará Benjamin a exclamar, na tese eficiente VII sua obra, que 'nunca houve um monumento de cultura que não fosse também um monumento de barbárie'. (2011a, p. 2)

4. O ESTADO DE EXCEÇÃO EM WALTER BENJAMIN, CARL SCHMITT E GIORGIO AGAMBEN

Falar em estado de exceção, em Agamben, é trabalhar a vida humana encurralada como mera vida nua, como pura vida natural (*zoé*), já que desprotegida de direitos, consequência da suspensão da ordem jurídica. Demonstram, como consequência da lógica construída neste trabalho, a revelação da potência da vontade soberana, que tem poder de capturar a vida humana e desposá-la de direitos, motivo pelo qual Agamben ressuscita a figura do *homo sacer* e, também rotula de "muçulmanos" os prisioneiros, em fase terminal, dos campos de concentração da Alemanha da era nazista.

É o próprio Agamben que indica, no debate atual sobre o estado de exceção, dois autores fundamentais que são Carl Schmitt e Walter Benjamin. E, sobre o paradoxo destas duas referências, Ruiz (2011a, p. 1) destaca que "Schmitt é um teórico do autoritarismo que contribuiu amplamente para legitimar juridicamente o regime nazista, enquanto Benjamin é um radical militante antifascista que pagou com a própria vida seu compromisso intelectual contra o nazismo".

Lendo a obra de Schmitt, o autor indica que há uma distinção entre ditadura comissária, através da qual o estado de exceção tem por escopo a defesa ou a restauração da constituição vigente, suspendendo o seu efeito, ditadura soberana, na qual acontece a anulabilidade da ordem jurídica no estado de exceção, como lei e como vontade soberana.

Na obra *Teologia Política* (SCHMITT, 2006),[7] escrita em 1922, Schmitt deixa de relacionar o estado de exceção como formas de ditaduras, porém a decisão, elemento formal e jurídico, é introduzida como instituto político inerente à soberania. Trabalhando com o conceito de anarquia, Schmitt pretende encaixar o estado de exceção à ordem jurídica sendo a exceção a garantia última do direito e da ordem, em Schmitt. Para este autor exceção não é anarquia. Tal colocação schmittiana, entretanto, é reconhecida por ele próprio como controvertida, face à pretensão de incluir no direito algo extrínseco ao próprio direito.

Sobre Walter Benjamin, esclarece Ruiz:

> Walter Benjamin escreveu no ano 1921 seu ensaio: Zur Kritik der Gewalt (Crítica da violência: crítica do poder). O ensaio foi publicado na revista Archiv fUr Sozialwissenschaften und socialpolitik, n. 47, da qual Schmitt era leitor assíduo e também colaborador. (2001a, p. 2)

Nesse ensaio, a ambiguidade é destacada, talvez propositadamente, no próprio título já que *Gewalt* pode significar tanto poder como violência, levando ao questionamento acerca da institucionalização da violência no poder, que se transforma, negativamente, em biopoder.

---

[7] Por esta obra, tem-se que a exceção é o alicerce da teoria da soberania.

Todavia, o termo violência há que ser analisado com certo cuidado, eis que poderá ser manuseado estrategicamente, por parte do ocupante (vencedor) ou do desocupante (vencido) do poder. Pode ser relativizado. Portanto, e se levado até as últimas consequências, o poder constituinte, como proposta de instauração de uma nova ordem política, também é considerado como violência. Benjamin, por conseguinte, no ensaio antes aludido, faz a distinção entre violência que institui e conserva o direito (violência mítica) e violência que depõe o direito (violência divina). Esta, a divina (novamente o socorro à teologia) é chamada de violência revolucionária (RUIZ, 2011a, p. 2).

Pode-se acrescentar a violência perpetrada pelo próprio direito, a deslegitimar toda proposta reivindicatória, de lutas por melhoria de condições de vida, pela teimosia em não modificar o errado e também por emoldurar as lutas sociais, no ordenamento jurídico, como ilegais e, por conseguinte, anulando-as, com a aplicação do próprio direito como punição e consequente desmanche deste movimento. Esta é uma violência que o poder constituído pratica, rotineiramente, sob os aplausos daqueles que também, direta ou indiretamente, usufruem das benesses deste mesmo poder.

Volvendo ao fecundo debate entre Benjamin e Schmitt, destacamos que daí surgiu várias obras e ensaios, inclusive com o envio de uma missiva de Benjamin a Schmitt, em dezembro de 1930. Benjamin, no ensaio sobre a *Crítica da violência* (1922), questiona Schmitt sobre a obra *Die Kiktatur* (1921), advindo, por parte Schmitt, a réplica na obra *Teoria Política*. A tréplica benjaminiana aparece, em 1928, na obra *Origem do drama barroco* (2011a, p. 2).[8]

Para Benjamin, a concepção barroca de soberania desenvolve-se a partir do debate sobre o estado de exceção, incumbindo ao príncipe o cuidado de excluí-lo e não decidir sobre ele, alterando, por conseguinte, a concepção schmittiana sobre a relação entre soberania e exceção. O soberano, em Benjamin, não decide sobre a exceção, incluindo-a

[8] Ruiz afirma que "se para Schmitt o que vincula a soberania à exceção é a decisão, Benjamin mostra que o soberano barroco está permanentemente impossibilitado de decidir. Desta forma tão sutil Benjamin estaria respondendo as teses de Schmitt na obra Politische Theologie, que por sua vez pretenderia criticar o ensaio de Benjamin Por uma crítica da violência".

na ordem, mas sim a exclui, deixando-a fora da ordem. Estado de exceção, em Benjamin, é uma catástrofe, a arrastar, tal zona de indeterminação, a própria ordem jurídica.

Ao confirmar o estado de exceção como regra, Benjamin, além do fascismo, socorre-se dos excluídos socialmente, privados dos direitos fundamentais, garantidos formalmente nas diversas constituições em vigência, mundo afora. É uma suspensão de fato desses direitos, pela exceção. A exclusão para essas pessoas é modo normal de vida e fora, opostamente ao pensamento schmittiano, do contexto jurídico. A exceção e a normalidade se tornam indiscerníveis, desaparecendo, por conseguinte, a distinção entre violência e direito. Surge uma zona de anomia, com atuação pura da violência. É a exceção da exceção.

Ao contrário de Benjamin, Schmitt pensa a vida encarcerada no direito, que entende como ordem, estabelecida e garantida pela decisão soberana. Em um último momento a eficácia da norma é suspensa, pela exceção. Portanto, há cessação da lei, que vige sem validade, ou com vigência sem significado. Na exceção plena ocorre a anulação de toda a ordem jurídica. A lei deixa de existir e a vontade soberana é, então, lei. Aqui, o funcionamento é o inverso, ou seja, o arbítrio do soberano, como lei, é aplicado imediatamente.

A lei suspensa, ou seja, sem significado, nos remete, com certeza, à obra *O processo*, de Kafka. É uma lei oca, sem aplicabilidade. A lei é despida de sentido com relação à vida humana, que é desfavorecida, eis que suspensos sãos direitos facilitadores de sua defesa, manutenção e emancipação. É a hipocrisia persistindo, frente ao ato ditatorial do soberano. Direitos são reconhecidos, porém inaplicáveis. Do direito à expectativa do direito. É o vazio constitutivo do ordenamento jurídico.

Portanto, Benjamin, ao contrário de Schmitt, sugere pensarmos a vida mais adiante do direito, sem coação ou até mesmo sem necessitar dele, o direito. É este o estado de exceção perseguido por Benjamin, a exceção da exceção, face à inutilidade do direito. O que poderia ser uma utopia, assim entendida por nós, como pensar com visão no futuro, aproximando-o da realidade, com o escopo de modificá-la para melhor, foi encampado por Foucault, sugerindo raciocinarmos um direito livre e sem relação alguma com a soberania. É o pensar a vida sem o direito com suas distorções, em um processo de legitimação da biopolítica.

O marxismo pretendeu colocar em prática a verdadeira exceção (exceção da exceção). Entretanto, o ideal comunista (doação segundo as possibilidades e recebimento em consonância com as necessidades), fórmula retirada das comunidades cristãs primitivas, a dispensar o Estado, encontra-se em evidência no anarquismo. É a busca, no marxismo, da sociedade sem classe, dispensando a violência do direito. Porém e para chegar a este estágio avançado, foi introduzida, contraditoriamente, a autocracia do proletariado, como fase (duradoura) de transição. A partir desse momento, a exceção foi encampada pelo marxismo também. A ditadura do proletariado, pensada como estágio provisório, é o estado de exceção. E mais, no marxismo, esta exceção, até o presente momento, tornou-se regra de governo.

Em Schmitt "a biopolítica moderna mostra que a norma é o instrumento pelo qual a vida é apreendida como objeto de adestramento utilitarista. A vida normatizada é controlada como recurso produtivo e governada como bem útil a serviço de outros fins" (RUIZ, 2011a, p. 2).

Assim, tanto a exceção jurídica como a norma, capturam a vida humana, cada uma com suas respectivas habilidades, com o escopo de instrumentalizá-la. Em ambas e em consequência da instrumentalização da vida, a violência persiste e é cada vez mais canalizada, na biopolítica, em prol da eficiência de um governo utilitarista. O estado de exceção persegue, continuamente, o controle biopolítico da vida (des)humana.

5. O ESTADO DE EXCEÇÃO TAMBÉM COMO TÉCNICA BIOPOLÍTICA

Benjamin, inicialmente e depois, Agamben, afirmam que o Estado de exceção tornou-se paradigma de governo, com o convertimento da exceção a norma, com a degradação, segundo Agamben, das pessoas a *homo sacer* e a "muçulmano". Agamben demonstra, cabalmente, que por meio da exceção jurídica se governa a vida humana. E persistir no estado de exceção é encampar o estado totalitário, com a prevalência da vontade soberana. O Estado Democrático de Direito não foi capaz de extirpar a vontade soberana que, como potência, poderá se expressar sempre que o soberano entender necessário.

Ademais, o estado de exceção é fundamentado no estado de necessidade, instituto de larga utilização no direito penal, que deixa à discrição do julgador entender se determinada pessoa agiu acobertado por essa exclusão de antijuridicidade. Na política, estar ou não em estado de necessidade, a permitir a utilização do estado de exceção, fica a critério do soberano. Não há como definir, de antemão, o que é estado de necessidade. Não existe uma prévia formulação jurídica do que seja esse estado de necessidade, por se encontrar, tal estado, no limiar do direito e da política. Tais medidas excepcionais não podem ser compreendidas, integralmente, no âmbito do direito. Portanto, incorreta é a busca de legitimidade jurídica à exceção e à decisão do soberano sobre a aplicabilidade deste estado. Foi este o esforço de Schmitt, desconstruído por Benjamin e por Agamben.

A exceção não apenas revela o soberano, como também incide sobre a vida humana, desumanizando-a, retrocedendo à *zoé*. A soberania, despida da captura da vida humana, não se sustenta. É a inclusão da vida na exceção, com a suspensão do direito. Por isso é que a exceção é considerada uma inclusão excludente ou uma exclusão inclusiva, por Agamben. "Exclui o direito para incluir a vida na exceção. A exceção opera como estrutura política paradoxal que captura a vida humana ao mesmo tempo em que a abandona à condição de mero ser vivente", afirma Ruiz (2011, p. 1).

Ressalte-se que o estado de exceção foi instituído pelo Estado de direito. Anteriormente era desnecessário, exceção era norma, pela vontade do soberano. Era a ordem e o direito; era a lei, continuamente. Para abolir esta arbitrariedade é que o Estado de direito foi organizado. Entretanto, esta vontade soberana ainda persiste como potência do Estado, que dela poderá se utilizar quando bem entender, justamente em razão de ser inerente à arbitrariedade o desprezo à lei, como vontade popular.

Pelo estado de exceção, como técnica política de governo, o direito poderá ser suspenso a qualquer momento e, por conseguinte, a vida humana se torna, automaticamente, em vida nua, no *homo sacer* romano, no "muçulmano" dos campos de concentração. Ou seja, no homem despido do direito e controlado, a partir de então, bio e politicamente. Esta técnica controla e governa a todos, o que a torna também, policial. É a partir de tais colocações que devemos entender Benjamin e Agamben quando afirmam que estamos em permanente estado de exceção. Ora, não é difícil concluir, por conseguinte, que retornamos, deste modo, aos estados totalitários e absolutistas, apesar de alguns países ainda conservarem o título de democrático, talvez por força apenas da tradição ou de um capitalismo imperialista.

O estado de exceção é uma técnica de governo em larga utilização mundo afora. Ruiz (2011, p. 2) nos lembra, logo após o ocorrido nos Estados Unidos em 11 de setembro, com a caída das duas torres, os seguintes acontecimentos, confirmatórios de que vivemos em permanente estado de exceção. Assim afirma o autor:

> [...] no dia 26 de outubro de 2011, o senado norte-americano promulgou o Patriot Act que permitia ao 'Attoney general' manter preso qualquer estrangeiro (alien) que fosse suspeito (não precisava de provas ou evidências) de atividades que colocassem em perigo (não precisava ter cometido um ato, só pensar que podia representar uma ameaça) a 'segurança nacional dos EUA'. Este ato legal do presidente Bush anulava radicalmente o estatuto jurídico do indivíduo conduzindo-o a um ser inominável, inclassificável juridicamente. As constantes práticas de cárceres clandestinas da Otan por diversos países para interrogar e torturar prisioneiros suspeitos de terrorismo (descobriu-se que Kadafi tinha permitido aos EUA e à Inglaterra a instalação, na Líbia, de campos de prisioneiros para serem interrogados), a situação de muitas favelas no Rio de Janeiro e São Paulo [[9]], as continuas tentativas de criminalizar os movimentos sociais no Brasil, o fato de governar por decretos presidenciais (que são atos de exceção), entre outros, são exemplos vivos em que a exceção continua operando como técnica de governo de populações perigosas. Cada vez que um grupo social representar uma ameaça para a ordem, o Estado de direito invocará a exceção para suspender seus direitos tornando-o vulnerável e como consequência facilmente governável. Nesse ato de excepcionalidade captura-se a vida humana mas também se revela a vontade soberana oculta no Estado de direito.

---

[9] Também de Minas, Santa Catarina, Rio Grande do Sul, Bahia etc.

CONCLUSÃO

A soberania absoluta não se preocupou com o discurso de legitimação, principalmente considerando que nela a legitimidade do poder ocorria pela vontade do soberano. A vontade (decisão) é a bússola (des)orientadora da melhor forma de governo. Portanto, as técnicas de governo surgiam da sabedoria pessoal do príncipe. Não há necessidade de desenvolvê-las. O poder soberano é a lei. Nele a vida humana existia debaixo de constantes ameaças do soberano. É o que Foucault chamou de "fazer morrer e deixar viver", já que o soberano/legislador tinha o poder de tirar a vida. Era a vida, no regime de soberania absoluta, "matável". Viver, nesse regime, era uma permissão tácita do poder soberano.

Na atualidade, houve modificação nesta imperativa relação vida/poder. Não há poder sem vida, porém, a vida, como acontece na biopolítica, não podia se tornar mero objeto de poder, num flagrante retrocesso político democrático. O poder deve proteger a vida, como ela é e, a partir daí, melhorá-la, sem juízo de valores ou medição de consequências econômicas. A política deve amparar e implementar a subjetividade (e não criá-la), bem como socorrer os desvalidos e não descartá-los, em razão de sua suposta inutilidade.

Ressalta-se que, em todas as ciências, em todas as pesquisas, as adjetivações geralmente surgem para apequenar o substantivo, quando não o nulificar. O substantivo, aqui considerado, é a política, simplesmente. Talvez aí se encontre o motivo pelo qual alguns autores acima aludidos, resistiram à utilização do termo biopolítica, cuja junção é estratégica, isto é, para disfarçar a adjetivação assombrosa: política biológica (biopolítica).

A subversão, antes aludida, ocorreu no momento em que o soberano foi despido do poder arbitrário que detinha sobre a vida, conferindo a ela uma potência política anteriormente inexistente. A vida, bem biológico, deve, na biopolítica, ser preservada, porém apenas para utilização. Acaba a ameaça de morte, do poder soberano absoluto. Surge a vida como potência produtiva, mecânica e útil. Aparece o homem máquina, produtor e reprodutor. Mesmo assim, a reprodução somente poderá acontecer condicionada ao advento de um produto humano biológico sadio. Do contrário, sequer poderá nascer, para viver na vida nua, na *zoé*, eis que sequer potência existe neste pseudoproduto, de pouca ou nenhuma utilidade, além dos necessários investimentos, para manutenção deste ser desumanizado e coisificado pela biopolítica.

Parece-nos fácil concluir que, tanto na soberania absoluta como na biopolítica, há uma preocupação, específica, com a vida nua (*zoé*), deixando a vida política a nenhum plano. Necessário concluir que a arbitrariedade continua. A ausência de discurso também continua. Tanto em um como no outro caso, o ser humano é renegado, em prol de um ente sacralizado, o Estado, numa tremenda inversão de valores.

Há, na biopolítica, a prevalência da economia que, usurpando a política, exige a adjetivação: economia política, que nada mais é do que a *oikonomia* dos gregos, isto é, de uma administração pública da vida nua, com fins de lucros e não de efetivação do bem comum, numa constante busca de superação de desigualdade e de uma distribuição de riqueza mais equânime.

Ressaltamos, também, a preocupação econômica contaminando as decisões judiciárias nos tempos atuais. Preocupa-se com os reflexos econômicos de uma determinada decisão, olvidando, em prol da economia, até mesmo inúmeros direitos fundamentais. A partir de então, ou seja, da influência biopolítica, o judiciário, antes de declarar direitos, líquidos e certos, já que amplamente debatidos na fase constituinte, deverá perquirir se haverá verba para o cumprimento de uma possível decisão. Portanto e a exemplo do que aconteceu na política, o fator econômico torna-se pressuposto indispensável para declarar direitos.

Necessário não desprezar o fato de que a econômica política manifesta-se na biopolítica, mediante a existência de mecanismos naturais, que não podem ser olvidados ou contrariados, sob consequência de refletir, negativamente, na forma de governo. Presente, na economia política, o utilitarismo, já que, na razão biopolítica, a legitimidade ou ilegitimidade do governo leva em consideração a eficiência (produção de resultados positivos) ou ineficiência, causa que leva à substituição do governante. Aqui, mais de que nunca, os "fins justificam os meios". Havendo resultado econômico positivo, de nada importará a ética e o governo será considerado excelente.

O utilitarismo encontra-se presente também na política brasileira e passa a ser um problema cultural, mediante o pensamento de alguns eleitores que escolhem e mantêm no poder determinados representantes, sob o argumento, inconsiderado e pueril, de que, apesar da desonestidade, o político realiza obras, faz e acontece. Assim, uma vez realizadas as obras, feito e acontecido, os meios empregados ou "desempregados" na persecução dos objetivos nada importam. É a normalização de atos ilegais.

Há, por conseguinte, também na biopolítica, espaço de "veridição" (2012, p. 3),[10] ou seja, um espaço para construção e produção de verdades. Prevalece, nesta política especializada, como vimos acima, a lógica econômica da utilidade, nada interferindo as questões éticas nas técnicas de governo. A vida humana, neste espaço de *veridição* (verdades fabricadas), aparece como objeto científico natural a atrair, necessariamente, uma utilidade. A (in)verdade, nesta economia, continua sendo a firmação do alquebrado capitalismo, como arquétipo produtivo.

Desse modo, a economia, na biopolítica, tem por escopo, além da produção de lucros, necessários à perpetuação do combalido e injusto capitalismo, também a produção de verdades, como instrumento legitimador de sua intromissão na vida política. Através das verdades produzidas e aceitas, sem uma necessária e maior reflexão, as inverdades latentes nesta biopolítica são processadas como verdades e as consequências perniciosas desta política são aceitas, naturalmente. As práticas então vigentes são legitimadas por essas verdades produzidas pela própria biopolítica. Não há como contestá-la, posto que necessárias à maquiação e consequente manutenção do capitalismo.

A partir deste espaço de verdade, constata-se que o capitalismo, sob a vestimenta de mercado, labora com a vida humana, tida como

---

[10] Destaque para as seguintes e impressionantes colocações: a) "A vida é um bem útil para um fim necessário"; b) "A eficiência das técnicas biopolíticas de governo é medida pela sua capacidade de obtenção de lucros, mesmo que a custo de sofrimento humano em grande escala com a exploração da vida de trabalhadores ou povos inteiros submetidos à lógica do capital. Afinal, na tabela de resultados apresentada pelas planilhas institucionais a obtenção de lucros legitima as novas técnicas de governo. Na sombra das técnicas biopolíticas sobrevivem ignoradas multidões de vítimas que possibilitam a eficiência dos seus resultados. O sofrimento humano não entra no cálculo de custos das artes econômicas de governo. Ele é necessário, na maioria dos casos, um mal necessário, inevitável" (RUIZ, 2012, p. 3).

recurso natural, útil e produtivo. Trabalha este mercado com a produção de desejos, para estimular a produção de consumo. É o mercado, obrando como espaço de subjetivação, atuando, produzindo e formatando sujeitos, a partir das expectativas e ansiedades inerentes ao ser humano, governados como sujeitos naturais, num escancarado retrocesso à *zoé*.

Como sabido, esse mercado capitalista não mais carece de um espaço físico, de presença material. É ele hoje virtualizado, desmaterializado e *desterritorializado*. Essa *entificação* do mercado capitalista também o tornou um espaço de *veridição* e regulador das atividades humanas, tornando-se onipresente, onisciente e onipotente e "justo", deferindo premiação aos bons investidores e castigando os incompetentes. É a divinização do mercado, templo sagrado do capitalismo biopolítico, que deixou distante o mercado medieval, como espaço físico de escambo, com a natural busca pelo preço justo. O mercado atual, contrariamente ao mercado medieval, deixa de ser espaço de justiça.

Com efeito, naquele mercado medievo não existia a especulação, prática normal e rotineira do mercado hodierno. Era, por conseguinte, proibido, naquela época, especular com a escassez. Evitava-se as fraudes e especulações, o preço era fixado em consonância com o trabalho concluído. Destarte, imperava naquele comércio o modelo de justiça distributiva, como idealizada por Aristóteles e, depois, por Santo Tomás de Aquino. Por conseguinte, os produtos de primeira necessidade eram mais baratos, permitindo uma justa distribuição das mercadorias e o acesso a elas por todos.

É, pois, o mercado capitalista construído através de técnicas da economia política. A verdade por ele produzida, como espaço de "veridição" da biopolítica, direciona-se para o governo das atividades sociais, em particular, e da vida humana, em geral. Há neste espaço a naturalização de mecanismos inerentes à natureza humana. Busca o bom governo, despido do atributo de justiça, que, na lógica capitalista, significa lucro.

Nesse mercado capitalístico prepondera a eficiência como critério único de legitimação de governo, portanto, não há que se falar em injustiça, já que tais espaços de negociação obedecem, exclusivamente, às leis de mercado que, por serem naturais, não se revestem de valores éticos. Há, perceptivelmente, neste local, um retorno ao estado de natureza, prevalecendo os interesses dos mais fortes, com a predominância da verdade natural em substituição à justiça ética. Não se faz referência se determinado negócio é justo ou injusto, bem ou mal. Busca-se, a todo custo, a eficiência dos resultados; atos humanos estão distantes.

Não é difícil concluir que as técnicas da *governamentalidade* biopolítica, utilizando-se de uma expressão foucaultiana, consequência da dicotomia povo/população, esvaziam tanto o Estado de direito como a democracia, instituições necessárias ao exercício de ações políticas de cidadania. O autoritarismo reinante na biopolítica, através das técnicas de governo, acordou o soberano, adormecido após o advento do Estado de Direito, reduzindo a vida e a população a objetos de direitos.

Nota-se que a racionalidade biopolítica, que se inicia a partir do final século XVI e XVII, consiste no governo da vida humana, a ser administrada eficientemente. Os seres humanos são apenas números numa contabilidade indispensável à maximização do lucro, viabilizando o capitalismo. Sem a biopolítica, como encampada, haveria necessidade de repensar, novamente, o capitalismo, como posto.

É certo que a política também deve, na constante busca do bem-estar de todos, se comunicar com as diversas ciências, porém, o que não pode continuar acontecendo é ser ela abocanhada pelas demais ciências (biologia, medicina e economia, por exemplo), sob consequência de se perder, temporariamente, até que retorne, com incalculáveis prejuízos, seu percurso, o de ciência autônoma. A utilização das demais ciências, se necessário, na política, será apenas em reforço a seus postulados e não para sobrepô-los. Não se trata de uma teoria política pura, porém de demonstrar a autonomia das ciências políticas, diante dos significados das demais ciências. Ao que parece está acontecendo com a política, ao se tornar ou deixar se levar pela biopolítica, o que estava ocorrendo com a ciência jurídica, antes da indispensável intervenção kelsiana.

Assim, arrematamos este trabalho, com a notável Hannah Arendt (2010),[11] ressalvando nossas limitações, que sintetiza, com perfeição

[11] Para Hannah Arendt "O sentido da política é a liberdade".

o que acima expusemos ao criticar a degradação da autonomia do político nas sociedades atuais, substituída que foi pela gerência competente do social. Governa-se a natureza das pessoas, na busca de um governo eficiente.

Assim, com certeza, pelos braços da biopolítica, voltamos à *zoé*. Perdermos nossa liberdade. Precisamos recomeçar, com urgência, com o retorno à *bíos*.

REFERÊNCIAS

AGAMBEN, Giorgio. *Estado de exceção*. Tradução de Iraci D. Poleti. São Paulo: Boitempo, 2004.

______. Homo Sacer: o poder soberano e a vida nua. Tradução de Henrique Burigo. Belo Horizonte: Editora UFMG, 2002.

______. *O que resta de Auschwitz, o arquivo e a testemunha*. São Paulo: Boitempo, 2008.

ARENDT, Hannah. *A Condição humana*. 11ª ed. Rio de Janeiro: Forense Universitária, 2010.

______. *O que é Política*. 7ª ed. Tradução de Reinaldo Guarany. Rio de Janeiro: Bertrand Brasil, 2007.

ARISTÓTELES. *Os pensadores*. São Paulo: Nova Cultural, 2000.

FOUCAULT, Michel. *História da sexualidade 1*: A vontade de saber. 14ª ed. Tradução de Maria Thereza da Costa Albuquerque e J. A. Guilhon Albuquerque. Rio de Janeiro: Graal, 2001.

______. *Em defesa da Sociedade*. Curso no *Collége de France* (1975-1976). Tradução de Maria Ermantina Galvão. São Paulo: Martins Fontes, 2002.

GUIMARAENS, Francisco de. *Direito, Ética e Política em Spinoza* – Uma cartografia da imanência. 2ª ed. Rio de Janeiro: Lumen Juris, 2011.

_______. *Direito, Estado e Sociedade*. Spinoza e o conceito de multidão: reflexões acerca do sujeito constituinte. Rio de Janeiro: Pontifícia Universidade Católica. Departamento de Direito – Vol. 9. Jul/dez 2006.

GRAU, Eros Roberto. *O direito posto e o direito pressuposto*. 4ª ed. São Paulo: Malheiros, 2000.

ROBERTS, Morley. *Bio-politics*. An essay in the physiology, pathology and politics of social and somatic organism. London: London Dent [1938].

RUIZ, Castor Bartolomé. (2011). O estado de exceção como paradigma de governo. *Revista IHU Online*, n. 373, ano XI, 12.09.2011. Disponível em: <http://www.ihuonline.unisinos.br/index.php?option=com_content&view=article&id=4080&secao=373>. Acesso em: 14 jul. 2014.

______. (2011a). A exceção jurídica e a vida humana. Cruzamentos e rupturas entre C. Schmitt e W. Benjamin. *Revista IHU Online*, n. 374, ano XI, 26.09.2011. Disponível em: <http://www.ihuonline.unisinos.br/index.php?option=com_content&view=article&id=4098&secao=374>. Acesso em: 14 jul. 2014.

______. (2011b). A testemunha, um acontecimento. *Revista IHU Online*, n. 375, ano XI, 03.10.2011. Disponível em: <http://www.ihuonline.unisinos.br/index.php?option=com_content&view=article&id=4113&secao=375>. Acesso em: 14 jul. 2014.

______. (2011c). A vítima da violência: testemunha do incomunicável, critério ético de justiça. *Revista IHU Online*, n. 380, ano XI, 14.11.2011. Disponível em: <http://www.ihuonline.unisinos.br/index.php?option=com_content&view=article&id=4203&secao=380>. Acesso em: 14 jul. 2014.

______. (2012). A economia e suas técnicas de governo biopolítico. *Revista IHU Online*, n. 390, ano XII, 30.04.2012.

Disponível em: <http://www.ihuonline.unisinos.br/index.php?option=com_content&view=article&id=4395&secao=390>. Acesso em: 14 jul. 2014.

______. (2012a). Genealogia da biopolítica. Legitimações naturalistas e filosofia crítica. *Revista IHU Online*, n. 386, ano XII, 19.03.2012. Disponível em: <http://www.ihuonline.unisinos.br/index.php?option=com_content&view=article&id=4308&secao=386>. Acesso em: 14 jul. 2014.

SCHMITT, Carl. *Teologia Política*. Tradução de Elisete Antopniuk. Coord. e supervisão Luiz Moreira. Belo Horizonte: Del Rey, 2006.

_____. *Legalidade e Legitimidade*. Tradução de Tito Lívio Cruz Romão. Coord. e Supervisor Luiz Moreira. Belo Horizonte: Del Rey, 2007.

_____. *O Guardião da Constituição*. Tradução de Geraldo de Carvalho. Coord. e Supervisor Luiz Moreira. Belo Horizonte: Del Rey, 2007.

CAPÍTULO III

O DEVIDO PROCESSO LEGAL E A EXCEPCIONALIDADE NORMATIVO-AMBIENTAL

André Cordeiro Leal
Vinícius Lott Thibau

INTRODUÇÃO

Na dogmática jurídica, é habitual a afirmação de que o direito processual deve servir ao direito material. A compreensão subjacente a essa assertiva é a de que as normas processuais só ganham relevância quando há conflitos acerca das normas materiais, ou seja, quando surgem controvérsias sobre bens jurídicos protegidos ou criados pelo cognominado direito material.

Consequência óbvia desse enfoque é a de que, caso não se instale uma divergência na interpretação da norma material, a norma processual não teria mesmo qualquer utilidade. Impõe-se ao direito processual, com isso, a condição de mero coadjuvante da jurisdição estatal, de modo que o processo seria apenas a tecnologia que permite ao juiz o exercício da jurisdição (ou dicção do direito material que se aplica ao conflito e que será acatado pelo destinatário-jurisdicionado).

Foi assim, aliás, que adveio o conceito de processo na modernidade. Já no seu nascedouro, o processo foi condenado a ser uma relação jurídica de direito público que submete as partes ao juiz (tribunal) para viabilizar a superveniência do dito jurídico da autoridade soberana.

E será exatamente essa a hipótese testada, falseada, ao longo do texto: a de que a proposta conceitual de processo como relação jurídica de direito público apresentada por Oskar von Bülow, em 1868, e radicalizada, também em obra desse autor, em 1885, ainda hoje permanece intocada na dogmática jurídica processual, inclusive no âmbito do denominado direito processual ambiental, proporcionando o seu arsenal ideológico repercussões embaraçosas e incompatibilidades inafastáveis para um projeto democrático não alinhado a referenciais teóricos ultrapassados, principalmente quando se quer tratar do devido processo legal.

Como demonstraremos, uma vez mantidos os conceitos de processo e de jurisdição hauríveis da teoria bülowiana, qualquer esforço em prol de uma interpretação principiológico-constitucional do devido processo legal continua a depender da autoridade judiciária como protagonista. O processo, seja ele "devido" ou não, é reduzido a um mero instrumento de legitimação das decisões prolatadas por juízes-estatais conhecedores do direito,[1] inviabilizando-se, assim, a normatização que se pretende produzir pela Constituição brasileira de 1988, cuja democraticidade não é acolhedora de qualquer forma de solipsismo jurídico-decisório.

1. O PROCESSO AMBIENTAL E A PRÁTICA JUDICIÁRIA EXCEPCIONANTE

Já conjecturamos, em obra especializada,[2] que, para cumprir o objetivo de corrigir as distorções concernentes à legitimidade decisória identificadas nos marcos teóricos do Estado Liberal e do Estado Social, o processo não pode permanecer conceituado como uma relação jurídica de direito público que se desenvolve entre juiz (tribunal), autor e réu, e que situa a jurisdição no centro do sistema jurídico.

A teorização de um processo civil ambiental como instrumento apto a servir ao chamado direito material ambiental, como amplamente

---

[1] Por oportuno, registramos que a legitimação decisória não se confunde com a legitimidade decisória. Para nós, a legitimação consiste na domesticação conveniente dos destinatários da decisão.

[2] LEAL, André Cordeiro; THIBAU, Vinícius Lott. Direito fundamental ao processo e democratização da cidade. *In*: REIS, Émilien Vilas Boas *et al*. (Coord.). *Direitos fundamentais ambientais aplicados à cidade*. 2ª ed. Belo Horizonte: Del Rey, 2015, p. 171-189.

divulgado na dogmática jurídica,[3] somente reproduz os fundamentos da teoria do processo formalizada por Oskar von Bülow, em 1868, segundo a qual o julgador erige-se como protagonista,[4] na especial representação de um Estado que, por sua vez, assume um lugar que lhe era negado pelas concepções jurídicas contratualistas anteriores.

Na obra *La teoria de las excepciones procesales y los presupuestos procesales*, Oskar von Bülow apresentou a sua interpretação da história do direito romano para o apontamento de possíveis equívocos cometidos por autores que lhe eram contemporâneos (de alinhamento pandectista-privatista), para os quais a atuação dos juízes na solução de conflitos estaria condicionada, na Roma antiga, à provocação das partes, inclusive quanto à verificação de eventual ausência das condições de existência do processo – o que se faria através das denominadas exceções processuais.

Para Oskar von Bülow, no entanto, essa verificação não estaria a depender de provocações mediante exceções, notadamente porque, segundo ele, tais técnicas somente eram utilizadas, em Roma, para a defesa do réu contra a aplicação do direito material pelo decisor. Rotulando de pressupostos processuais as condições de existência do processo, Oskar von Bülow acabaria por autorizar o julgador a examinar, *ex officio,* a presença, ou não, de tais condições, ofertando-se

---

3 Por amostragem, confira as obras de RODRIGUES, Marcelo Abelha. *Processo civil ambiental.* 3ª ed. São Paulo: Revista dos Tribunais, 2011, p. 65-83; TEIXEIRA, Antônio Edílio Magalhães. *Processo ambiental*: uma proposta de razoabilidade na duração do processo. Curitiba: Juruá, 2008, p. 47-48; e FIORILLO, Celso Antonio Pacheco. *Princípios do direito processual ambiental.* 5ª ed. São Paulo: Saraiva, 2012, p. 154.

4 Isso fica claro quando o autor, ao frisar a importância de sua proposta, afirma que o processo trata da *função dos oficiais públicos.* Por isso é que, embora passe pela existência de uma *colaboração*, tal se dá, unicamente, da *vinculação* das partes ao juiz. Segundo o autor, "Desde que los derechos y las obligaciones procesales se dan entre los funcionarios del Estado y los ciudadanos, desde que se trata en el proceso de la función de los oficiales públicos y desde que, también, a las partes se las toma en cuenta únicamente en el aspecto de su vinculación y cooperación con la actividad judicial, esa relación pertenece, con toda evidencia, al derecho publico y el proceso resulta, por lo tanto, una *relación jurídica pública*" (BÜLOW, Oskar von. *La teoria de las excepciones procesales y los presupuestos procesales.* Buenos Aires: EJEA, 1964, p. 1-2).

ao magistrado um total controle sobre a relação jurídica processual, conceituada como processo.

A obra publicada em 1868 ocupa-se, assim, de uma releitura do direito romano que retira das partes o poder de controle da atividade judicial. Ao afirmar o processo como relação jurídica de direito público, Oskar von Bülow coloca o juiz (e os tribunais) em uma posição privilegiada, porque, a partir daí, as partes são consideradas meras colaboradoras-subordinadas.

Na *teoria das exceções processuais e os pressupostos processuais*, contudo, Oskar von Bülow não avança em relação ao papel do julgador quanto ao direito material ou quanto ao conteúdo de suas decisões. Cinge-se a analisar o papel do juiz no controle da relação processual que permite que ele decida. É em *Gesetz und Richteramt*,[5] originalmente publicada no ano de 1885, que o jurista alemão enaltece o papel da magistratura na interpretação, atualização e aplicação do direito.

Na obra *Gesetz und Richteramt*, Oskar von Bülow busca uma alternativa para o formalismo da Escola Histórica e da Jurisprudência dos Conceitos,[6] afirmando a imprescindibilidade de se devolver à magistratura alemã toda a importância que ela estaria a merecer pela confiança incondicional que recebia do povo, inclusive para afastar a legalidade e instalar práticas excepcionantes.

Não é por acaso, logo, que, conforme aponta Karl Larenz, e tendo em vista as observações de André-Jean Arnaud e María José Farinas Dulce,[7] Oskar von Bülow é apontado como um dos precursores do Movimento do Direito Livre na Alemanha, que foi sistematizado no final do século XIX e no inicio do século XX.

---

5 BÜLOW, Oskar von. Gesetz und richtertamt. *In*: BÜLOW, Oskar von. *Juristische zeitgeschichte* – kleine reihe – klassische texte. Berlin: Berliner Wissenschafts-Verlag GmbH, 2003, v. 10. p. 1-43.

6 É o que se lê na obra de WIEACKER, Franz. *História do direito privado moderno.* 3ª ed. Tradução Antonio Manuel Botelho Hespanha. Lisboa: Fundação Calouste Gulbenkian, 2004.

7 ARNAUD, André-Jean; DULCE, María José Farinas. *Introdução à análise sociológica dos sistemas jurídicos.* Rio de Janeiro: Renovar, 2000.

Consoante demonstrado em outro estudo,[8] a oferta bülowiana almejou apresentar uma proposta que permitisse o aumento do poder da magistratura alemã, baseando-se no argumento principal de que, por não haver determinação jurídica legal para cada problema concreto, seria necessário acentuar o "primado da vontade, do sentimento ou da intuição"[9] dos responsáveis últimos pela interpretação e aplicação do direito – os juízes.

Note-se, por oportuno, que, ao comentar a Lei das XII Tábuas, Oskar von Bülow reafirma a sua admiração pela magistratura romana, indicando a indispensabilidade da assunção do legado pretoriano para a aplicação do direito na modernidade alemã:

> A servidão à Justiça, o Pretório, assumiu por quase meio milênio esta atividade. Surge uma magistratura, um direito da função pública, um *jus praetorium* ou *honorarium*, que não se limita à execução e complementação do direito legislado, mas também de fazer frente a todas as determinações contrárias entre si e contrárias à lei, impondo-o de caso a caso, simplesmente preservando-o de desigualdades desmedidas, por intermédio de anúncios prévios anuais das pretendidas alterações legais. Demais disso, os juízes do povo, requisitados por funcionários dos tribunais, não estavam impedidos, ao contrário, eram instruídos, a ter em conta as muitas necessidades do trânsito jurídico que se espalhara muito além de Roma e dos romanos, como da exigência da boa-fé, da teoria negocial, cujas observações, até aquele momento, eram apenas um costume livre, sem disposição legal. Tais considerações eram contraditórias às determinações estanques e mesquinhas da lei: eis a criação do judicial do direito. A moderna teoria aplicada também não sabe, desde o abandono da crença no poder supremo do legislador, como acompanhar a atividade criadora da magistratura, porque ela aplica o direito comum com um modelo torto.[10]

---

8 LEAL, André Cordeiro. *Instrumentalidade do processo em crise.* Belo Horizonte: Mandamentos, 2008.

9 LARENZ, Karl. *Metodologia da ciência do direito.* 3ª ed. Tradução de José Lamego. Lisboa: Fundação Calouste Gulbenkian, 1997, p. 79.

10 BÜLOW, Oskar von. Gesetz und richtertamt. *In*: BÜLOW, Oskar von. *Juristische zeitgeschichte* – kleine reihe – klassische texte. Berlin: Berliner Wissenschafts-Verlag GmbH, 2003, v. 10, p. 20-21. Texto original: "Die Gerichtsobrigkeit, die Prätur, nimmt sich fast ein halbes Jahrtausend hindurch dieser Aufgabe an. Es kommt ein

Daí, o que se tem é que a moderna "ciência do processo" já surge apresentando, como pressupostos, a excepcionalidade e a fissura do ordenamento legal, situando o juiz na borda da legalidade para esvaziá-la ou corrigi-la, combatendo, assim, o fundamento de legitimidade do Estado Liberal, cuja atividade política restringia-se à eleição dos corpos parlamentares responsáveis pela elaboração de leis suficientes à condução dos interesses dos diversos segmentos sociais.[11] Segundo afirma Oskar von Bülow:

> Então, quando acontece, várias vezes, das decisões dos juízes contrariarem o sentido e a vontade da lei, isso deve ser aceito tranquilamente, como um destino inevitável, como um tributo que os legisladores e juízes prestam à fraqueza do poder de expressão e comunicação humanas. Entretanto, nem essa consideração escusante, nem qualquer artifício jurídico, pode nos deixar desviar da verdade em questão, de que todas as muitas divergências entre as decisões judiciais e os dispositivos legais serão, mesmo assim,

---

Gerichts –, ein Beamtenrecht, ein *juspraetorium* o der *honorarium* empor, welches sich nicht dabei bescheidet, das Gesetzesrecht blos durchzuführen un du ergänzen, sondern ihm auch überall mit gegensätzlichen, mit gesetzwidrigen Bestimmungen in den Weg tritt un dieselben von Fall zu Fall durchsetzt, blos durch jährliche Vorausverkündigung der beabsichtigten Rechtsneuerungen je auf Jahresfrist vor allzugroβer Ungleichmäβigkeit und Willkür behütet. Daneben waren aber auch die von Gerichtsbeamten bestellten Volksrichter nicht behindert, sondern sogar angewiesen, den vielen neuen Bedürfnissen des weit über Rom und Römer hinausgreifenden Rechsverkehrs und den Anforderungen von Treue und Glauben, von Geschäftsehre und Billigkeit, deren Beobachtung bis dahin blos eine freie thatsälichliche Sitte gewesen war, ohme gesetzliche Anordnung immer entschiedener Rechnung zu tragen, oft im vollen Wiederspruch zu dem starrem und engherzigen Gesetzesrecht: eine richterliche Rechtsschöpfung, welcher die moderne dem rechtsschöpferischen Berufe des Richtermats abgewandte Theorie, auch seit sie den Glauben an di Allmacht des Gesetzgebers aufgegeben hat, nicht recht beizukommen weiβ, weil sie die schiefe Schablone des Gewohnheitsrechts anlegt".

11 Habermas explica, sobre a concepção liberal de democracia, que, "Ao votar, os eleitores expressam suas preferências. As decisões que tomam nas eleições têm a mesma estrutura que os atos eletivos de participantes do mercado voltados à conquista de êxito", de onde se infere que o produto dos eleitos no âmbito da atividade legislativa deve ser respeitado como desdobramento de escolha de cidadãos autônomos que buscam realizações de preferências ou interesses econômicos pessoais (HABERMAS, Jürgen. *A inclusão do outro* – estudos de teoria política. São Paulo: Loyola, 2002, p. 275).

confirmadas pelo poder estatal. O Estado é obrigado a suportá-las, bem como dotá-las com o selo da força jurídica. Mesmo a decisão contrária à lei possui força de lei. Ela é, como qualquer decisão judicial, uma determinação jurídica originária do Estado, validada pelo Estado e por ele provida de força de lei. Com isso, não se quer dizer outra coisa além de que o juiz deve ser autorizado pelo Estado a realizar determinações jurídicas, as quais não estão contidas no direito legislado, mas encontradas pelos juízes, por eles criadas, escolhidas e desejadas![12]

Assim, em 1885, ao contrário da posição relativamente discreta em relação à atividade judicial que havia assumido em 1868, ao analisá-la apenas no controle da intitulada relação processual, Oskar von Bülow exibiu um discurso indisfarçadamente apologético quanto à magistratura alemã que, segundo o autor, foi a responsável pela viabilização da operacionalização do direito ao longo da história da Alemanha.

O que se vê é que Oskar von Bülow, até hoje considerado por muitos como o "grande" criador da ciência processual,[13] não apenas enunciou uma teoria do processo como relação jurídica de direito público entre as partes e o tribunal (vínculo de subordinação entre pessoas) para

---

[12] BÜLOW, Oskar von. Gesetz und richtertamt. *In*: BÜLOW, Oskar von. *Juristische zeitgeschichte* – kleine reihe – klassische texte. Berlin: Berliner Wissenschafts-Verlag GmbH, 2003, v. 10, p. 37. Texto original: "Wenn es nun deshalb oft genug vorkommt, daβ richterliche Urtheile dem wahren Sinne und Willen des Gesetzes zuwiderlaufen, so ist dies gewiβ ruhigen Muthes als ein unvermeidliches Geschick zu erdulden, als ein Tribut, welchen die Gesetzgeber und Richter der Schwäche des menschlichen Mittheilungs – und Erkenntniβvermögens zollen. Aber weder diese entschuldigende Ueberlegund noch irgend ein juristisches Kunststück kann uns über die offen vorliegende Wahrheit hinweggleiten lassen, daβ alle die vielen Abweichungen der richterlichen Rechtssprüche von de gesetzlichen Rechtssatzung dennoch durch die Staatsgewalt *rechtlich bestätigt werden.* Der Staat is *genöthigt*, sie sich *gefallen zu lassen*, auch *sie* mit dem Stempel der Rechtskraft zu versehen. Auch das *gesetzwidrige Urtheil* ist doch *rechtsverbindlich*. Es ist wie jedes richterliche Urtheil eine von Staat ausgehende, vom Staat gebilligte, vom Staat mit seiner Zwangsgewalt ausgestattete Rechtsbestimmung! Damit ist aber nichts Anderes gesagt, als daβ der Richter vom Staate *ermächtig* ist, auch solche Rechtsbestimmungen vorzunehmen, die nicht im Gesetzesrecht enthalten, sondern lediglich von *Richter* gefunden, ja erfunden, von *ihm, nicht vom Gesetze gewählt und gewollt sind*".

[13] TORNAGHI, Hélio. *A relação processual penal.* 2ª ed. São Paulo: Saraiva, 1987.

instar a comunidade acadêmica ao desenvolvimento de uma ciência que tratasse especificamente do tema, como também, para fazê-lo, pressupôs que a tarefa de resolução de conflitos é dada exclusivamente ao Estado-Juiz que, por isso, deveria se postar acima das partes.

Considerados tais aspectos, a teoria bülowiana e a ciência que teria inaugurado apresentaram-se fundamentais para que jurisdição fosse concebida, já no nascedouro da cognominada ciência do processo, como tarefa do julgador que, representando um Estado indicativo dos corretos caminhos para a sociedade, deveria assumir um lugar especialíssimo na interpretação e na criação do direito, tal como na solução dos conflitos.[14]

Na teoria relacionista, assim, o processo explicita a subordinação das partes ao poder soberano, só adquirindo sentido na medida em que, por seus contornos conceituais, fornece o instrumental normativo necessário à imposição estatal da dicção do direito. Em outros termos, com a assimilação do pano de fundo jurisdicionalista e solipsista da teoria bülowiana, inclusive no âmbito do denominado direito processual ambiental, a atividade dos juízes e a sua missão de condução ética (axiológica) dos destinos da nação é o que interessa.

Afinal, para os processualistas alinhados ao marco teórico do Estado Social, em que se pressupõe, desde sempre, que há guardiões iluminados a reger cidadãos incapazes e a merecer o socorro prestante de um tutor – daí a chamada "tutela jurisdicional" – o direito não é do cidadão, mas do Estado-Juiz, que tem o monopólio de enunciá-lo.[15]

---

[14] Nota-se que o legado bülowiano ainda é o cerne dos argumentos de autores da dogmática processual brasileira. É o que se lê, por amostragem, na obra de Cândido Rangel Dinamarco, que afirma: "Tudo andaria muito bem se o legislador não fosse um ser humano e tivesse a capacidade de prever rigorosamente tudo quanto na vida comum pode acontecer. Mas, como a vida é muito mais rica do que a imaginação do legislador, na experiência comum surgem situações que, contrariando as expectativas, não comportam as soluções postas nos textos do direito positivo. (...) Daí a imperfeição de toda ordem jurídico-positiva, a ser superada pela atuação inteligente e ativa do juiz empenhado em fazer com que prevaleçam os verdadeiros princípios da ordem jurídica sobre o que aparentemente poderia resultar dos textos" (DINAMARCO, Cândido Rangel. *A nova era do processo civil.* São Paulo: Malheiros, 2004, p. 21).

[15] Para acessar algumas informações relevantes sobre o marco teórico do Estado Social, bem como sua vinculação com a autocracia decisória nos âmbitos da produção e da aplicação do direito, confira, em especial, as obras de CARVALHO NETTO, Menelick de. A hermenêutica constitucional sob o paradigma do

É nesse sentido, aliás, que é possível afirmar que a teoria bülowiana promove uma infantilização generalizada do povo, que é incapaz, *per se*, de saber qual é o direito que dirige sua existência, assumindo, dessa forma, a condição de mero "jurisdicionado".

Por consectário, o atrelamento teórico entre o meio ambiente e o processo, compreendido como mero instrumento para atuação do direito material ambiental, não se apresenta mesmo compatível com as bases normativas do marco teórico do Estado Democrático de Direito. É que, ao se adotar a teoria bülowiana para afirmar que o processo é instrumento para a atuação do direito material, adota-se, coetaneamente, a perspectiva segundo a qual o direito material, no caso de conflitos decididos pela jurisdição, é aquele que o juiz diz que é.

É o que se extrai da clássica lição de Giuseppe Chiovenda que, incorrendo no paradoxo de Bülow,[16] aduz:

> No entanto, os defeitos inevitáveis no funcionamento prático do processo não podem influir sobre sua definição, porque a idéia de um instituto deve deduzir-se de sua destinação fundamental e não de seu funcionamento prático. Ninguém negará que a medicina

---

estado democrático de direito. *In*: CATTONI DE OLIVEIRA, Marcelo Andrade (Coord.). *Jurisdição e hermenêutica constitucional no estado democrático de direito*. Belo Horizonte: Mandamentos, 2004; CATTONI DE OLIVEIRA, Marcelo Andrade. *Tutela jurisdicional e estado democrático de direito* – por uma compreensão constitucionalmente adequada do mandado de injunção. Belo Horizonte: Del Rey, 1998; OMMATI, José Emílio Medauar. *A igualdade no paradigma do estado democrático de direito*. Porto Alegre: Sergio Antonio Fabris, 2004; LEAL, André Cordeiro. *O contraditório e a fundamentação das decisões no direito processual democrático*. Belo Horizonte: Mandamentos, 2002; ALMEIDA, Andréa Alves. *Processualidade jurídica e legitimidade normativa*. Belo Horizonte: Fórum, 2005; WALTER, Carlos Humberto. *Discurso jurídico na democracia* – processualidade constitucionalizada. Belo Horizonte: Fórum, 2008; DEL NEGRI, André. *Controle de constitucionalidade no processo legislativo* – teoria da legitimidade democrática. 2ª ed. Belo Horizonte: Fórum, 2008; THIBAU, Vinícius Lott. *Presunção e prova no direito processual democrático*. Belo Horizonte: Arraes, 2011; e CASTRO, Bernardo Vassalle de. A participação social no processo legislativo e o desenvolvimento sustentável. *In*: *Veredas do Direito*: Direito Ambiental e Desenvolvimento Sustentável, Belo Horizonte, volume especial 7, n. 13 e 14, jan/dez 2010, p. 213-239.

16 Como enuncia LEAL, André Cordeiro. *Instrumentalidade do processo em crise*. Belo Horizonte: Mandamentos, 2008.

> seja a arte de curar as doenças só porque o erro de um médico pode ser fatal ao enfermo. Da mesma forma ninguém pode negar que a destinação do processo seja a de fazer justiça: *Praetor ius reddere dicitur etiam cum unique decernit, relatione scilicet facta non ad id quod ita praetor fecit, sed ad illud quod praetorem facere convenit (fr. 11, Dig. De iustitia et iure 1,1)*. Juridicamente, a vontade concreta da lei é aquilo que o juiz afirma ser a vontade concreta da lei. O erro eventual do juiz não autoriza nem a sustentar que o direito efetivo, mas desconhecido, sobreviva ao estado de obrigação natural (o que equivaleria a destruir a coisa julgada), nem a afirmar de modo geral que antes do processo não exista direito.[17]

Em idêntico sentido, é o magistério de Marcelo Abelha Rodrigues, que é taxativo ao afirmar que:

> Técnica e direito são, respectivamente, o instrumento e o fim, a forma e a essência. A técnica, digo, o processo, é a ferramenta ou método quase sempre necessário para se obter a tutela jurisdicional. O que se quer é a solução dada pelo Poder Judiciário, e o caminho é o processo.[18]

E continua, ao se pronunciar sobre as interfaces existentes entre as cognominadas técnicas processuais ambientais e as crises jurídicas:

> Sendo, o processo, a ferramenta imprescindível para dar legitimidade e legalidade à revelação da norma concreta, enfim, para permitir e justificar a atuação do Poder Judiciário, certamente deve ofertar técnicas apropriadas para que seja alcançada a finalidade para a qual existe. Essas técnicas podem ser identificadas, basicamente, em técnicas processuais de procedimentos, de provimentos e de 'processos' diferentes. Aqui a palavra *processo* refere-se, na verdade, ao tipo predominante de função jurisdicional exercida pelo Estado para debelar determinado tipo de crise jurídica. Assim, é possível que exista um processo (módulo processual) de conhecimento (tutela cognitiva), outro executivo (tutela executiva) e outro sumário (tutela sumária).

---

[17] CHIOVENDA, Giuseppe. *Instituições de direito processual civil.* Tradução Paolo Capitanio. 3ª ed. Campinas: Bookseller, 2002, v. 1, p. 64.

[18] RODRIGUES, Marcelo Abelha. *Processo civil ambiental.* 3ª ed. São Paulo: Revista dos Tribunais, 2011, p. 65.

> Certamente, o tipo de procedimento, de provimento ou de 'processo' será diferenciado de acordo com as exigências do próprio direito material.[19]

Por consectário, se o processo é compreendido apenas como um método destinado à positivação do poder estatal por uma jurisdição como atividade do juiz na enunciação do direito material ambiental em caso de conflito, não é mesmo hábil a proporcionar a participação e a fiscalização constitucionalmente conferidas ao povo quanto ao meio ambiente, nos âmbitos da produção, da interpretação e da aplicação normativa.[20]

No final das contas, a decisão ambiental sempre será identificada como um ato de titularidade única do Estado-Juiz, sendo a sua construção regida, ou não, pelo devido processo legal que, na dogmática jurídico-ambiental, ainda se vê estudado pelos contornos históricos, conceituais e taxionômicos do *due process of law* instituído nas legislações inglesas e americanas produzidas a partir do século XIII.

2. O DEVIDO PROCESSO LEGAL E A ATRIBUIÇÃO JUDICIÁRIA DO SENTIDO NORMATIVO-AMBIENTAL

Para os autores que se dedicam ao estudo do intitulado direito processual ambiental, o devido processo legal deve ser analisado de acordo com os contornos que foram especialmente atribuídos ao *due process of law* pela *Magna Charta*, de João Sem-Terra, de 1215, pela *Statute of Westminster of Liberties of London*, de Eduardo III (1354), e, ainda, pela Constituição Americana, de 1787, esta já encampando conteúdos dispostos em inúmeras constituições estaduais americanas, dentre as quais se destacam as de Maryland, Pensilvânia e Massachusetts.[21]

---

19 RODRIGUES, Marcelo Abelha. *Processo civil ambiental*. 3ª ed. São Paulo: Revista dos Tribunais, 2011, p. 69.

20 Sobre a temática, confira a obra de THIBAU, Vinícius Lott. O processo na construção democrática da cidade. *In*: RIOS, Mariza; CARVALHO, Newton Teixeira; KLEINRATH, Stella de Moura (Coord.). *A cidade real e a cidade ideal em uma reflexão transdisciplinar*. 2ª tir. Belo Horizonte: Del Rey, 2014, p. 121-140.

21 Nesse sentido, confira, notadamente, as obras de BONIZZATO, Luigi. *A constituição urbanística e elementos para a elaboração de uma teoria do*

Com base na normatização a que se faz referência, o devido processo legal erige-se como garantia inafastável de tutela dos direitos à vida, à liberdade e à propriedade,[22] e, por esse motivo, é indicado por Celso Antonio Pacheco Fiorillo como de aplicabilidade fundamental no âmbito ambiental brasileiro, uma vez que "a causa de pedir de toda e qualquer ação ambiental – a vida – está explicitamente apontada como conteúdo do devido processo legal descrito no art. 5º, *caput*",[23] da Constituição brasileira de 1988. Conforme registra Luigi Bonizzato, por estar inserido no rol de direitos e garantias individuais e coletivos da Constituição brasileira de 1988, o devido processo legal assume o *status* de "norma hierarquicamente superior a quaisquer outras do ordenamento jurídico brasileiro".[24] Com base nas lições de Nelson Nery Júnior, afirma o autor que, diante da magnitude e da importância assumida pelo devido processo legal, bastaria que a Constituição brasileira de 1988 tivesse previsto o *due process of law*, em suas normas, para que, no Brasil, já estivesse garantido o direito a um processo justo e, de conseguinte, também o direito a uma sentença justa.[25]

É nesse sentido, aliás, que o devido processo legal é reconhecido pela dogmática jurídico-ambiental como gênero do qual são espécies todos os demais princípios constitucionais do processo. Ao dispor que ninguém será privado da liberdade ou de seus bens sem o devido processo legal (art. 5º, LIV), a Constituição brasileira de 1988 estaria a acolher uma

---

direito constitucional urbanístico. Rio de Janeiro: Lumen Juris, 2010, p. 139-142; TEIXEIRA, Antônio Edílio Magalhães. *Processo ambiental*: uma proposta de razoabilidade na duração do processo. Curitiba: Juruá, 2008, p. 47-52; FIORILLO, Celso Antonio Pacheco. *Princípios do direito processual ambiental.* 5ª ed. São Paulo: Saraiva, 2012, p. 153-159; RODRIGUES, Marcelo Abelha. *Processo civil ambiental.* 3ª ed. São Paulo: Revista dos Tribunais, 2011, p. 84-89.

22 Sobre o assunto, confira a obra de NERY JUNIOR, Nelson. *Princípios do processo na constituição federal*: processo civil, penal e administrativo. 11ª ed. São Paulo: Revista dos Tribunais, 2013.

23 FIORILLO, Celso Antonio Pacheco. *Princípios do direito processual ambiental.* 5ª ed. São Paulo: Saraiva, 2012, p. 155.

24 BONIZZATO, Luigi. *A constituição urbanística e elementos para a elaboração de uma teoria do direito constitucional urbanístico.* Rio de Janeiro: Lumen Juris, 2010, p. 139.

25 BONIZZATO, Luigi. *A constituição urbanística e elementos para a elaboração de uma teoria do direito constitucional urbanístico.* Rio de Janeiro: Lumen Juris, 2010.

norma de ampla fecundidade, apresentando-se o devido processo legal como referencial originário da própria principiologia a que se faz alusão.

É o que se estampa em novo magistério de Marcelo Abelha Rodrigues:

> Já tivemos a oportunidade de dizer em outra obra, quando cuidamos dos princípios do processo civil, que o 'devido processo legal' é a raiz de todos eles, de onde nascem os princípios estruturantes do exercício da função jurisdicional. Assim, a isonomia, o contraditório, a ampla defesa, a imparcialidade do juiz, o juiz natural, o direito de acesso à prova etc. nada mais são do que desdobramentos do 'devido processo legal', que, quando são exercitados no processo, culminam no que se chama de 'processo justo ou tutela jurisdicional justa'. Portanto, justa é a tutela jurisdicional que consegue pôr em prática todos os princípios do devido processo legal, com adequado equilíbrio entre eles, de forma a alcançar um resultado que possa ser tido como 'justo'.[26]

E conclui:

> Apenas pelo exercício mental intuitivo percebemos que o devido processo legal, precursor que é de uma tutela justa (processo e tutela – meio e fim – instrumento e resultado), deve ser visto e realizado em concreto sob dois pontos de vista diferentes, mas que se complementam. De um lado, coloca-se o devido processo legal (e todos os princípios que formam seu conteúdo) na retaguarda do jurisdicionado, visto como um poderoso, único e insubstituível instrumento que deve estar à sua disposição para preservar e garantir a proteção de seu patrimônio (vida-propriedade-liberdade) mediante a existência de um processo justo. De outra parte, a outra face do devido processo legal repousa na retaguarda do exercício da função jurisdicional estatal, visto como um fator de legitimação democrática da atuação do Estado e garantia do demandado.
>
> Com isso percebe-se que o devido processo legal é, a um só tempo, fator de legitimação que deve pautar a atuação do Estado, e, de outro lado, fator de libertação do cidadão em um Estado democrático de direito. Portanto, percebe-se que a tutela jurisdicional justa deve trazer em si embutida a marca do devido processo legal, no sentido de que a função estatal seja praticada legitimamente e

---

26 RODRIGUES, Marcelo Abelha. *Processo civil ambiental.* 3ª ed. São Paulo: Revista dos Tribunais, 2011, p. 85.

que o jurisdicionado tenha liberdade e condições de impor-se na formação do resultado do processo.[27]

De conseguinte, pela dogmática jurídico-ambiental, somente mediante a observância irrestrita do devido processo legal é que será possível a construção de uma decisão adjetivada como justa. Por outro lado, também pelos adeptos de um denominado direito processual ambiental, em decorrência de sua vinculação aos fundamentos da teoria do processo como relação jurídica de direito público, o alcance da justiça decisória passa, necessariamente, pela demarcação do sentido das normas ambientais pelo Estado-Juiz, que se vale do processo como instrumento de sua importante atuação.

É que, consoante esclarece Antônio Edílio Magalhães Teixeira, os direitos fundamentais, dentre os quais se encontra o direito de proteção ao meio ambiente, formulam-se por textos com significados abertos e, assim, sujeitos à interpretação variável. Somente por via da jurisdição é que se torna possível a demarcação do sentido normativo, de modo a possibilitar que os valores dominantes na sociedade se instalem caso a caso.[28]

Consoante assevera o autor:

> [...] o exercício da proteção jurídico-jurisdicional dos direitos fundamentais – nesse quadro constitucional antenado com os anseios da coletividade e materialmente garantista, em que o conteúdo variável de tais direitos possibilita adaptações aos sistemas de valores dominantes numa sociedade fortemente pluralizada e aberta ao progresso – de alguma forma, significa o exercício de uma importante missão que ao Judiciário é constitucionalmente delegada pelas instâncias legislativas. É que a abertura de significados, comum às normas definidoras de direitos fundamentais, torna possível uma verdadeira delegação legislativa em favor dos órgãos concretizadores, de maneira que as *cláusulas gerais* ou os *conceitos jurídicos indeterminados*, além de favorecerem uma aderência ao momento histórico-cultural, transferem parte da valoração jurídica do legislador para o aplicador da norma.[29]

---

27 RODRIGUES, Marcelo Abelha. *Processo civil ambiental.* 3ª ed. São Paulo: Revista dos Tribunais, 2011, p. 86-87.

28 TEIXEIRA, Antônio Edílio Magalhães. *Processo ambiental*: uma proposta de razoabilidade na duração do processo. Curitiba: Juruá, 2008.

29 TEIXEIRA, Antônio Edílio Magalhães. *Processo ambiental*: uma proposta de razoabilidade na duração do processo. Curitiba: Juruá, 2008, p. 115-116.

E, ainda:

> O ordenamento jurídico constitucional aberto a valorações, com a possibilidade de adequação do Direito aos anseios sociais presentes em determinado momento do viver humano, faz refletir na atuação judicial uma linha argumentativa dinâmica e flexível, capaz a viabilizar decisões consentâneas com os anseios legítimos de uma sociedade em evolução.
>
> O Judiciário dos tempos modernos deve alcançar os desejos racionalmente justificáveis dos agrupamentos humanos e dar respostas aptas a provocar adesão social e consenso legítimos. O paradigma da neutralidade absoluta, com tribunais assepticamente isentos e apolíticos, meramente técnicos e formalistas, não condiz com a aplicabilidade dos direitos fundamentais – principalmente no que diz respeito aos de dimensão positiva, em que o Estado é obrigado a agir para garantir aos titulares de direitos certos espaços e prerrogativas.
>
> Suas decisões em determinadas matérias de interesse geral, como é o caso da questão ambiental, não são simplesmente resoluções de conflitos inerentes a um círculo fechado e restrito de interesses. As deliberações em torno da causa ambiental são do interesse de toda a comunidade, porque o meio ambiente é bem de todos e essencial à vida saudável dos sujeitos de direito em geral, por isso elas têm conotação não apenas jurídica, mas também social, econômica e política.[30]

Daí, especialmente quanto ao direito ambiental, é "impositivo ao Judiciário salvaguardar e proclamar, quando provocado a solucionar conflitos de interesses, os princípios insertos na Carta Magna, dando a eles um conteúdo concreto, contextualizando seus sentidos no seio da realidade".[31] Isso porque, observando-se ou não o devido processo legal, pelo acolhimento da teoria do processo como relação jurídica de direito público entre juiz (tribunal), autor e réu, o ato de decidir é solitário do juiz, representante do Estado.

---

30 TEIXEIRA, Antônio Edílio Magalhães. *Processo ambiental*: uma proposta de razoabilidade na duração do processo. Curitiba: Juruá, 2008, p. 116-117.

31 TEIXEIRA, Antônio Edílio Magalhães. *Processo ambiental*: uma proposta de razoabilidade na duração do processo. Curitiba: Juruá, 2008, p. 117.

No âmbito ambiental, portanto, o devido processo legal não se apresenta apto a propiciar um compartilhamento decisório quanto à produção, à interpretação e à aplicação normativa. Em sendo o processo ambiental um mero instrumento para atuação da jurisdição na enunciação do direito ambiental, o caráter oculto do sentido normativo é preservado como técnica hábil à reafirmação de um "*saber interpretar* que, extrapolando o sujeito da enunciação da norma (o legislador), só adquire *inteligibilidade fora* do próprio discurso normativo (LEI) que é o lugar extraceptivo (estado textual de exceção) no qual a *auctoritas* interdita o sentido da lei por consentimento da própria lei".[32]

Um artifício bastante utilizado nos marcos teóricos do Estado Liberal e, sobretudo, Social, dos quais, como enunciamos, não consegue se desvincular a dogmática jurídico-ambiental.

CONCLUSÃO

Vê-se que a reprodução dos conceitos de processo e de jurisdição propostos pela dogmática processual de raiz bülowiana presta um desserviço à interpretação jurídica fora dos marcos teóricos dos Estados Liberal e Social, inclusive quanto ao direito ambiental.

Enquanto o devido processo legal for haurido de suas versões tradicionais e desatentas às críticas formuladas pela teoria do processo democrático, tentativas de utilização da principiologia processual constitucional levarão a práticas jurídicas aderidas à autoridade judiciária como guardiã do sentido normativo.

Estando também essa concepção do processo presente na dogmática jurídico-ambiental, o devido processo legal de que tratam os processualistas ambientais apenas ratifica a (i)lógica da violência instalada pelos marcos teóricos anteriores ao Estado Democrático de Direito, reforçando o poder das autoridades a quem se confia a enunciação última do sentido da norma.

Assim sendo, também no âmbito de reflexão jurídico-ambiental, instala-se uma excepcionalidade permanente, porque o intérprete-juiz-guardião posta-se numa zona de anomia: embora seja o responsável

[32] LEAL, Rosemiro Pereira. *A teoria neoinstitucionalista do processo*: uma trajetória conjectural. Belo Horizonte: Arraes, 2013.

pela aplicação da norma, ele mesmo não se submete a ela, já que somente após a sua dicção (ou jurisdição, diríamos) é que a norma adquire o sentido necessário a que pudesse exercer controles sobre a atividade de decidir.

Insta, portanto, para que se desenvolva o projeto democrático, pensar o devido processo legal fora desse quadro excepcionante herdado de Oskar von Bülow e de sua relação jurídica de direito público viabilizadora de uma jurisdição, desde sempre, redentora, seja na dogmática jurídico-ambiental ou não.

REFERÊNCIAS

ALMEIDA, Andréa Alves. *Processualidade jurídica e legitimidade normativa.* Belo Horizonte: Fórum, 2005.

ARNAUD, André-Jean; DULCE, María José Farinas. *Introdução à análise sociológica dos sistemas jurídicos.* Rio de Janeiro: Renovar, 2000.

BONIZZATO, Luigi. *A constituição urbanística e elementos para a elaboração de uma teoria do direito constitucional urbanístico.* Rio de Janeiro: Lumen Juris, 2010.

BÜLOW, Oskar von. *La teoria de las excepciones procesales y los presupuestos procesales.* Buenos Aires: EJEA, 1964.

BÜLOW, Oskar von. Gesetz und richtertamt. *In*: BÜLOW, Oskar von. *Juristische zeitgeschichte* – kleine reihe – klassische texte. Berlin: Berliner Wissenschafts-Verlag GmbH, 2003, v. 10. p. 1-43.

CARVALHO NETTO, Menelick de. A hermenêutica constitucional sob o paradigma do estado democrático de direito. *In*: CATTONI DE OLIVEIRA, Marcelo Andrade (Coord.). *Jurisdição e hermenêutica constitucional no estado democrático de direito.* Belo Horizonte: Mandamentos, 2004, p. 24-44.

CASTRO, Bernardo Vassalle de. A participação social no processo legislativo e o desenvolvimento sustentável. *In*: *Veredas do Direito*: Direito Ambiental e Desenvolvimento Sustentável, Belo Horizonte, volume especial 7, n. 13 e 14, jan/dez 2010, p. 213-239.

CATTONI DE OLIVEIRA, Marcelo Andrade. *Tutela jurisdicional e estado democrático de direito* – por uma compreensão constitucionalmente adequada do mandado de injunção. Belo Horizonte: Del Rey, 1998.

CHIOVENDA, Giuseppe. *Instituições de direito processual civil.* Tradução Paolo Capitanio. 3ª ed. Campinas: Bookseller, 2002, v. 1, p. 64.

DEL NEGRI, André. *Controle de constitucionalidade no processo legislativo* – teoria da legitimidade democrática. 2ª ed. Belo Horizonte: Fórum, 2008.

DINAMARCO, Cândido Rangel. *A nova era do processo civil.* São Paulo: Malheiros, 2004.

FIORILLO, Celso Antonio Pacheco. *Princípios do direito processual ambiental.* 5ª ed. São Paulo: Saraiva, 2012.

HABERMAS, Jürgen. *A inclusão do outro* – estudos de teoria política. São Paulo: Loyola, 2002.

LARENZ, Karl. *Metodologia da ciência do direito.* 3ª ed. Tradução de José Lamego. Lisboa: Fundação Calouste Gulbenkian, 1997.

LEAL, André Cordeiro. *O contraditório e a fundamentação das decisões no direito processual democrático.* Belo Horizonte: Mandamentos, 2002.

LEAL, André Cordeiro. *Instrumentalidade do processo em crise.* Belo Horizonte: Mandamentos, 2008.

LEAL, André Cordeiro; THIBAU, Vinícius Lott. Direito fundamental ao processo e democratização da cidade. *In*: REIS, Émilien Vilas Boas *et al.* (Coord.). *Direitos fundamentais ambientais aplicados à cidade.* 2ª ed. Belo Horizonte: Del Rey, 2015, p. 171-189.

LEAL, Rosemiro Pereira. *A teoria neoinstitucionalista do processo*: uma trajetória conjectural. Belo Horizonte: Arraes, 2013.

NERY JUNIOR, Nelson. *Princípios do processo na constituição federal*: processo civil, penal e administrativo. 11ª ed. São Paulo: Revista dos Tribunais, 2013.

OMMATI, José Emílio Medauar. *A igualdade no paradigma do estado democrático de direito.* Porto Alegre: Sergio Antonio Fabris, 2004.

RODRIGUES, Marcelo Abelha. *Processo civil ambiental.* 3ª ed. São Paulo: Revista dos Tribunais, 2011.

TEIXEIRA, Antônio Edílio Magalhães. *Processo ambiental*: uma proposta de razoabilidade na duração do processo. Curitiba: Juruá, 2008.

THIBAU, Vinícius Lott. *Presunção e prova no direito processual democrático.* Belo Horizonte: Arraes, 2011.

THIBAU, Vinícius Lott. O processo na construção democrática da cidade. In: RIOS, Mariza; CARVALHO, Newton Teixeira; KLEINRATH, Stella de Moura (Coord.). *A cidade real e a cidade ideal em uma reflexão transdisciplinar.* 2ª tir. Belo Horizonte: Del Rey, 2014, p. 121-140.

TORNAGHI, Hélio. *A relação processual penal.* 2ª ed. São Paulo: Saraiva, 1987.

WALTER, Carlos Humberto. *Discurso jurídico na democracia* – processualidade constitucionalizada. Belo Horizonte: Fórum, 2008.

WIEACKER, Franz. *História do direito privado moderno.* 3ª ed. Tradução Antonio Manuel Botelho Hespanha. Lisboa: Fundação Calouste Gulbenkian, 2004.

Capítulo IV

MINERAÇÃO SUSTENTÁVEL: UMA EXIGÊNCIA CONSTITUCIONAL NECESSÁRIA À PRESERVAÇÃO DO MEIO AMBIENTE

Newton Teixeira Carvalho
Mariza Rios

INTRODUÇÃO

O minério é produto da natureza. Na proto-história já havia uma incipiente metalurgia. Assim, a extração de minério e consequente modificação do meio natural sempre foi preocupação das pessoas que consideram o homem também componente deste ambiente e, por consequente, tendo o dever de conservá-lo, para que não fosse aniquilado como parte deste todo.

Por conseguinte, não é possível discutir direito minerário com desprezo ao princípio do desenvolvimento sustentável, ou seja, a exploração mineral há que ser concretizada racionalmente e sem o comprometimento do meio ambiente. O desafio é, por conseguinte, entendermos como retirar algo que está posto na natureza sem comprometê-la. É também fazer a retirada do mineral de maneira racional e sem prejuízo ao meio ambiente e sem danos a todos os que vivem ao redor do local e sem que haja risco aos trabalhadores das empresas mineradoras. É se preocupar com a recomposição dos locais em que os minérios foram extraídos e que tal conserto ocorra de maneira que a extração modifique a paisagem até então existente o mínimo possível. É não deixar de se preocupar com as futuras gerações.

Inicialmente, a questão de exploração mineral ficava a critério do proprietário. Portanto, não é difícil concluir que, em razão do individualismo, consequência do absolutismo da propriedade, inúmeros e irreversíveis danos foram causados à natureza, sem maiores preocupação das autoridades públicas com tal estado de coisa. As modificações topográficas de diversos locais estão aí, a demonstrar que, antes, não havia nenhuma preocupação em diminuir o impacto causado com a extração minerária e com a recomposição do local devastado.

Entretanto, a consciência ecológica acaba adentrando, aos poucos, nos diversos povos e, com a limitação do direito de propriedade, também não foi difícil exigir a exploração mineral com observância de determinados critérios, inclusive a necessidade de recomposição do meio ambiente.

Dessa forma, é consequência do movimento ambientalista, já a partir da década de 1970, preocupado com o esgotamento dos recursos minerais e dos impactos causados pela extração de minérios em diversas localidades, desfigurando, por completo, o meio ambiente, a partir de então, para implantação de empresas de exploração mineral, leva-se em consideração outros aspectos e não apenas a viabilidade econômica. Neste momento, o aspecto econômico deixa de ser absoluto, em prol de todos os que se encontram neste planeta e não apenas e exclusivamente em benefício do homem.

Entretanto, enquanto não houver uma cabal consciência ecológica, enquanto não deixar de existir omissão das autoridades responsáveis pela fiscalização no setor minerário, é evidente que, sustentado pelo discurso de geração de emprego, de carência de uma determinada comunidade e na busca impensada e desesperada do lucro, inúmeras mineradoras estarão atuando, ao arrepio da legislação e, por conseguinte, em desencontro ao princípio do desenvolvimento sustentável.

Entretanto, não podemos olvidar as colocações de Denari, quando se manifestou a respeito do artigo 225 da Constituição Federal:

> A partir do advento da nova ordem jurídica instalada no país em 1988, o direito de propriedade, que já sofrera limitações derivadas do cumprimento da função social da propriedade, teve que (ainda que tardiamente) ceder espaço às exigências da sua função

ambiental, nos exatos termos do art. 225 e respectivos parágrafos da Constituição Federal.[1]

1. O PRINCÍPIO DO DESENVOLVIMENTO SUSTENTÁVEL E O DIREITO À EXTRAÇÃO MINERAL. TENSÃO ENTRE DIREITO E ECONOMIA

Conforme esclarecimentos doutrinários de Cristina Nepomuceno ao comentar sobre o desenvolvimento sustentável:

> Entre 3 a 14 de junho de 1992, na cidade do Rio de Janeiro, foi realizada a Conferência das Nações Unidas sobre o Meio Ambiente e o Desenvolvimento, a chamada Cúpula da Terra de 1992, mais conhecida como ECO-92 ou Rio-92. O seu objetivo principal foi buscar meios de conciliar o desenvolvimento socioeconômico com a conservação e proteção do meio ambiente.
>
> Dessa conferência surgiu a ideia de desenvolvimento sustentável, que é o modelo econômico capaz de gerar riqueza e bem-estar e, ao mesmo tempo, promover a coesão social e impedir a destruição da natureza, zelando por um meio ambiente para as gerações atuais e futuras.
>
> A conferência ainda introduziu o conceito de sustentabilidade no quadro de princípios que constitui a Declaração do Rio Sobre o Meio Ambiente e Desenvolvimento, traduzindo-o como 'o direito dos seres humanos a viver e produzir em harmonia com a Natureza' (Princípio 3 da mesma carta), conforme menciona Antônio Pinheiro Pedro, em 'Aspectos ideológicos do meio ambiente'. Mas a nossa Constituição Federal de 1988 já trazia esta ideia. Ao mesmo tempo que ela tem como um dos seus princípios o direito à vida, ela também tem o princípio da livre iniciativa.[2]

Assim, a questão primordial, no presente momento, é compatibilizar a necessária extração de minério com o princípio do desenvol-

[1] DENARI, Zelmo. Função ambiental do tributo. *In*: MARTINS, Ives Gandra da Silva. *O Tributo*: reflexão multidisciplinar sobre sua natureza. Rio de Janeiro: Forense, 2007, p. 11.

[2] SOARES, Cristina Nepomuceno de Souza. Plano de Recuperação de Áreas Degradadas (PRAD). *In*: FERRARA, Marina; GALLO, Luciana Drumond; WERKEMA, Maurício Sirihal; PERSECHINI, Silva Ferreira. *Estudos de Direito Minerário*. Belo Horizonte: Fórum, 2012, p. 52.

vimento sustentável e com os demais princípios do direito mineral e ambiental, em prol da preservação da natureza.

É que, para a extração de minério os empresários do ramo entendem que não é correto vulgarizar o conceito de desenvolvimento sustentável, eis que é inerente a tal atividade a degradação ambiental. Para eles não se consegue produzir riqueza, num mercado globalizado e cada vez mais consumista e exigente, sem uso e transformação dos recursos natural.

Também afirmam, os mineradores, que é necessário considerar que a demanda por bens naturais é bem maior do que a oferta. Por conseguinte, a natureza é consumida diariamente. Entretanto, há que se reverter, urgente, esta mentalidade de aumento de oferta de bens e serviços. Para tanto, a preocupação não pode ser exclusivamente econômica. Necessário é a mudança de paradigma, com a "ecologização" da economia.

A respeito desta aludida "ecologização" da economia e consequente prevalecimento do princípio do desenvolvimento sustentável, Helena Cristina, esclarece, citando diversos autores:

> Mas do que nunca, a compulsão consumista ultrapassou a capacidade da natureza em nos fornecer os insumos para suprir estes desejos modernos e globalizados. Diz Altvater (1995) que hábitos foram criados nas pessoas e que hoje estão enraizados. Nossas aspirações restringem-se a aumentar a oferta de bens e serviços e que, para mudar este quadro não podemos confiar nos códigos econômicos e sim em intervenções políticas, em que é preciso a 'ecologização' da economia e não 'economização' da ecologia, além da politização de ambas. O fato é que a economia mundial necessita do meio ambiente para se manter e que a esgotabilidade dos recursos da natureza já é perceptível para os seus múltiplos atores. Daí a necessidade de uma análise conjunta destes conceitos – desenvolvimento e conservação – uma vez que o progresso depende do planeta ambientalmente equilibrado.[3]

---

[3] SIMÕES, Helena Cristina Guimarães Queiroz. Mineração: perspectiva de sustentabilidade a partir do Direito Ambiental. *Planeta Amazônia*: Revista Internacional de Direito Ambiental e Políticas Públicas, Macapá, n. 2, 2010, p. 127-128.

Por intermédio da reunião acontecida no conhecido Clube de Roma, na década de 1960, na própria cidade de Roma, intensificaram, em razão do aumento constante da produção industrial, as manifestações sobre a limitação dos recursos naturais. Naquela distante década já se sabia que a sustentabilidade deste planeta estava ameaçada, eis que a natureza não se recomporia, quando possível tal recomposição, na mesma velocidade em que lhe eram extraídos de seu ventre os minérios. Assim, em outra reunião, acontecida em 1968, os componentes do Clube de Roma entenderam que era necessário diminuir a produção para preservação deste planeta e, por consequência, da própria humanidade.

A partir de então fala-se em um desenvolvimento econômico ecológico. Preocupou-se não apenas com o lucro, mas também com a preservação e recomposição da natureza. Não basta o desenvolvimento econômico. Urge que este desenvolvimento seja sustentável, ou seja, a expansão econômica poderá ocorrer, desde que concomitantemente com a melhoria das condições sociais e da conservação ambiental.

Também foi considerado nesta preocupação com o meio ambiente, através do desenvolvimento sustentável, outro princípio de direito ambiental, o da "equidade intergeracional". Não basta preocuparmos apenas com o presente, num irritante individualismo, no tocante à utilização dos recursos naturais. Temos a responsabilidade de manter a natureza perfeita, sadia, para que as gerações futuras não sejam prejudicadas com as nossas limitadas e impensadas atitudes.

Assim, algumas atitudes necessariamente deverão ser observadas no presente. O bem-estar da geração atual, considerada de "intrageração", possibilita a preservação da natureza e, por conseguinte, a prática da chamada "equidade intergeracional". Para conter ou até mesmo diminuir a demanda, necessário é o esforço político de aumento dos impostos e os *royalties*, o que evita desperdícios, bem como indispensável é a busca de soluções alternativas. Também as empresas mineradoras deverão se preocupar com a qualidade de vida das comunidades existentes no local onde ocorre a exploração, trazendo melhoria no local, além de recompô-lo, imediatamente.

A respeito da mineração sustentável, afirma Helena Cristina que:

> A busca pela mineração sustentável requer, conforme Costa (2008), alterações no paradigma de abastecimento, vigorante no

> passado, para o da sustentabilidade, necessitando para isso que as empresas desenvolvam uma estratégia baseada em três pilares, que são a eficiência, a consistência e a parcimônia.
>
> É baseada nestas características e no novo arcabouço de leis e princípios que a atividade de exploração mineral deverá reorganizar-se, sem a qual sua possibilidade de progresso estará fadada às pressões dos diferenciados atores envolvidos no processo, como os Estados e Municípios de regiões mineradoras, comunidade, Organizações não governamentais, Ministério Público e Poder Judiciário.
>
> Silva e Drummond (2008) afirmam que é possível promover o desenvolvimento sustentável na mineração ao ampliar-se o nível de bem-estar social e minimizar os impactos ambientais em relação à geração presente, chamada de 'intrageração' ou, criar riquezas alternativas que compensem os recursos exauridos no caso das gerações futuras ou 'intergerações'. Isso ocorreria através da renda mineral garantida com a exploração destes bens.[4]

Portanto e na busca do desenvolvimento sustentável necessário, também, que as indústrias minerárias ou consumidoras de minérios encontrem substitutos para os produtos extraídos da natureza, a exemplo do que vem acontecendo com a extração de madeira. Nota-se que hoje, em inúmeros locais a madeira foi substituída pelo plástico, a exemplo de forro de casas, ou, então, são plantadas árvores para extração de madeira com o aproveitamento destes plantios o mais cedo possível e também incentivando ao replantio, tão logo colhida a produção.

Assim e também com os minérios, necessário será, por meio de pesquisa, substituí-los ou, então, encontrá-los em outros locais, cuja extração cause o mínimo de degradação e que a restauração do local seja imediata, sem maiores prejuízos ambientais, justamente pela escolha do local e sua imediata restauração.

Necessário, igualmente, o aparecimento de outras fontes, além das existentes no momento. Enfim, é imperativo encontrar substitutos para os minérios explorados, tais como o aparecimento, mediante desenvolvimento tecnológico, de fibras de carbono, ligas de plástico e compostos

---

4 SIMÕES, Helena Cristina Guimarães Queiroz. Mineração: perspectiva de sustentabilidade a partir do Direito Ambiental. *Planeta Amazônia*: Revista Internacional de Direito Ambiental e Políticas Públicas, Macapá, n. 2, 2010, p. 13.

polímeros, em busca de uma verdadeira efetividade do princípio da sustentabilidade, que deve ser um desafio constante das mineradoras, sem desprezar, também, a reciclagem e o reaproveitamento de materiais.

Também e na busca permanente do desenvolvimento sustentável, os próprios dirigentes das mineradoras, numa constante evolução ecológica, deverão agir não apenas em respeito às leis específicas deste setor. Exige-se mais, que os mineradores se antecipem aos problemas que poderão surgir, com a exploração. Não pode haver omissão por parte deles. Assim, mesmo antes de instalar uma atividade minerária, necessário é que a escolha do local seja naquele que menor ou nenhum impacto causará à natureza, razão de esta escolha não poder ser exclusivamente econômica, mas, principalmente ecológica, considerando o impacto que causará no meio ambiente.

Sendo assim, as empresas devem compartilhar esses novos preceitos de sustentabilidade, buscando certificações socioambientais com o escopo de atender o critério intrageracional. Necessário, por conseguinte, também, que haja produção de riqueza alternativa, sem destruição do meio ambiente e sem modificação na comunidade em que a mineradora esteja instalada. A riqueza alternativa tem por finalidade evitar o exaurimento dos recursos minerais.

Dessa forma e para que essa consciência ecológica seja possível e não apenas algo pretendido e distante (utópico), necessário que haja também uma mudança cultural. Imprescindíveis que nossas atitudes sejam inteligentes, com a melhoria da educação, investimentos em diversos setores, inclusive em tecnologia, com planejamento, não apenas pensando no presente. Sem planejamento não se pode falar em sustentabilidade no setor mineral.

Não podemos também olvidar a participação do consumidor, exigindo produtos ambientalmente saudáveis, como primeiro fiscal desses artigos que utilizam os minerais. Assim esta mudança de postura ecológica há de acontecer principalmente com estes destinatários do produto, que deverão recusá-los de mineradores e empresas que se utilizam destes minérios, entretanto sem a indispensável preocupação com o desenvolvimento sustentável.

Com relação à participação de todos neste direito ambiental sustentável, projetado no presente e também para o futuro, há que se considerar os recursos minerais como bens de natureza difusa e, por conseguinte, de propriedade de todos. Assim, a política mineral brasileira não pode deslembrar de que tais bens são de interesse público, não obstante a propriedade deles pertencerem, constitucionalmente, à União. A exploração dos recursos minerais, portanto, não pode também ser alheia aos benefícios sociais, já que os destinatários desta exploração é toda a população planetária e não apenas as pessoas que estão próximas às áreas de extração.

Assim e considerando que os minérios são recursos não renováveis, a exploração deles deverá acontecer eficientemente, ou seja, a competitividade deve estar atrelada ao desenvolvimento sustentável. Nesta empreitada, deve participar tanto o setor público como o privado, inclusive com o estabelecimento de metas com a finalidade de reduzir, cada vez mais, a extração destes recursos, com o mínimo de impacto ambiental. Portanto e principalmente neste setor, não poderá existir omissão estatal. Necessário que as políticas públicas, neste setor, façam parte do planejamento estatal, ampliando a responsabilidade social e ambiental.

Para a efetivação de políticas públicas neste setor, necessário que a legislação seja atualizada, em consonância com a realidade presente e sem desprezar o futuro. A responsabilidade do setor público é enorme principalmente considerando que a mineração é, a partir da Constituição Federal, tratada pelo Código de Minas, porém, sua efetividade acontece, no dia a dia, por meio de decretos, resoluções e portarias, que deverão atentar para o princípio da sustentabilidade no setor mineral, para que não haja comprometimento das gerações presentes e futuras.

Necessário analisar, para uma melhor compreensão do tema em discussão neste trabalho, embora sucintamente, as legislações que tratam especificamente do assunto, a partir da Constituição Republicana de 1988. Porém, parece-nos que necessário é, antes de tudo, uma mudança cultural, com o cumprimento imediato do disposto no artigo 225, inciso VI, da Constituição Federal, a determinar que é incumbência do Poder Público "promover a educação ambiental em todos os níveis de ensino e a conscientização pública para a preservação do meio ambiente".

Os doutrinadores Martins e Sanches ressaltam, acerca desta almejada e necessária educação ambiental, concomitantemente com a necessidade de também modificar o sistema econômico:

> A educação sustentável é imprescindível para o desenvolvimento da compreensão do ser humano a respeito do cuidado com o meio ambiente, sobretudo, no tocante ao alerta sobre a necessidade de adotar um comportamento sustentável. Não obstante, ficou demonstrado que, muitas vezes, os empresários ficam de mãos atadas diante da vileza do nosso sistema econômico, tendo que, diante da acirrada competição capitalista, curvar-se às regras do sistema.[5]

2. A CONSTITUIÇÃO FEDERAL E O DIREITO MINERÁRIO NO BRASIL

Antes mesmo do Brasil independente, já havia legislação acerca do tema. Também a Constituição Imperial de 1824 preocupou-se com o assunto, o mesmo acontecendo com todas as demais, até a vigente Constituição. Evidentemente que o tema era constitucionalizado em consonância com as necessidades e interesses de cada época e também em conformidade com o despertar ecológico e consequente surgimento, como disciplina independente, do direito ambiental.

A Constituição Republicana de 1988 regulamentou melhor o direito mineral, inovando em vários aspectos, consequência de uma maior educação no tocante ao direito ambiental e seus princípios, com destaque aos que estão em análise no presente trabalho, ou seja, da sustentabilidade, da equidade intergeracional e vários outros que ainda serão citados. O monitoramento da degradação ambiental passa a ser preocupação estatal.

Assim é que a Constituição de 1988 tratou do setor mineral em oito títulos, de maneira direta ou indireta. Com efeito, a Carta Republicana atual preocupou-se com as questões atinentes ao meio ambiente e também à garimpagem, mineração e extinguiu o imposto único sobre a mineração, como também preocupou-se com a mineração em terras

---

5 MARTINS, Adriano Oliveira; SANCHES, Raquel Cristina Ferraroni. Por uma Educação para Sustentabilidade. *In*: *Veredas do Direito*. Direito Ambiental e Desenvolvimento sustentável. Belo Horizonte. Escola Superior Dom Helder Câmara, v. 9, n. 17, jan./jun. 2012, p. 76.

indígenas e fronteiriças. Por conseguinte, a legislação minerária necessariamente teve que se adequar, quando não revogada em vários de seus artigos, às novas exigências constitucionais.

Para exploração das atividades minerais, a partir da Constituição atual, a Lei 7.805/89 exigiu o licenciamento prévio. Também exigidos foram os Planos de Aproveitamento Econômico de jazida (Lei nº 6.567/78), o Estudo de Impacto Ambiental – EIA, e o relatório de Impacto Ambiental – RIMA (Decreto 99. 274/90 e Resolução CONAMA 001/86), além do Plano de recuperação da área degradada – PRAD (art. 225, §2º).

A preservação ambiental passa a ser real, mediante a autorização para exploração do minério, além da necessidade de recuperação da área explorada. A partir de então, a autorização de exploração de minério deixa de ser uma atitude exclusivamente política e passa a ser técnica. O Poder Público, agindo com responsabilidade, não deverá autorizar o funcionamento das empresas, que não cumprirem, integralmente, as exigências legais, bem como fechá-las se desviarem do cumprimento da lei, e também aplicando multas e não autorizando o funcionamento delas em outros locais, enquanto não cumpridas tais exigências. Assim agindo, o Poder Público estará contribuindo, sobremaneira, para um desenvolvimento sustentável, com a preservação do meio ambiente ou a recuperação dele, pelas empresas mineradoras, além de também estar contribuindo para a educação sustentável de todos nós.

Acerca da aplicação de multa no direito ambiental, em prol da sustentabilidade, Romeu Thomé, ao doutrinar sobre o princípio do poluidor-pagador, deixou expresso que:

> Aquele que degrada o meio ambiente poderá se responsabilizado nos âmbitos civil, penal e administrativo. Quem polui deve pagar, de acordo com o princípio da reparação. Todavia, o princípio do poluidor-pagador também tem como objetivo evitar a concretização do dano, auxiliando na prevenção e na precaução. Desta forma, as multas ambientais (que devem ter um valor elevado para que surtam o efeito desejado) passam a ter uma finalidade dissuasiva, tendo em vista que a obrigação de pagar pelo dano causado atual, ou deveria atuar, como incentivo negativo em face de todos aqueles que pretendem praticar uma conduta lesiva ao meio ambiente.[6]

---

[6] THOMÉ, Romeu. *Direito Ambiental Econômico*. Salvador: JusPodium, 2011, p. 721.

A partir da Constituição Republicana de 1988, a questão do meio ambiente e a exploração das áreas de minério não podem ser negligenciadas pelas autoridades públicas, que deverão agir ativamente e sempre pensando na natureza como bem de todos, no presente e no futuro.

E, considerando que, mesmo na omissão, contradição ou defasagem da legislação minerária, bem como na interpretação desta legislação própria, há que prevalecer os princípios do direito ambiental e do próprio princípio do direito minerário. Em razão de sua peculiaridade, passamos a analisá-los mais detalhadamente.

3. DIREITO MINERAL COMO DIREITO PÚBLICO E A APLICAÇÃO DOS PRINCÍPIOS

Doutrina Serra que o direito das Minas é um "conjunto sistemático de princípios e fórmulas reguladoras da constituição, atribuição e funcionamento da propriedade mineral, nas suas diversas relações jurídicas de ordem privada e nas públicas, estas, cada vez mais amplas e acentuadas".[7]

O regime jurídico do direito minerário é o de Direito Público, a exigir, por conseguinte, a supremacia do interesse público sobre o do particular, bem como a observância do devido processo legal, mesmo na esfera administrativa e, ainda, o cumprimento do princípio da legalidade. Evidentemente que o direito privado terá aplicação, subsidiariamente, no que tange às relações entre as empresas mineradoras e os particulares.

Por tudo isso, podemos afirmar que no direito minerário há forte ingerência do Estado, razão de as leis serem consideradas de ordem pública ou cogentes, isto é, de não poderem ser desprezadas pelo próprio Estado e também de, no contrato entre particulares, serem nulas de pleno direito as cláusulas que não observarem os princípios e as leis ambientais. Por conseguinte e também considerando a presença constante do Estado no empreendimento, fiscalizando-o, verifica-se que a participação do Poder Público é sempre proativa e com o objetivo de otimizar a utilização dos recursos minerais.

---

7 SERRA, Silvia Helena. *Direitos Minerários*: Formação, Condicionamentos e Extinção. São Paulo: Signus, 2000, p. 9.

Assim e diante da supremacia do interesse público sobre o particular, o aproveitamento dos recursos minerais não poderá ser concedido se não atender aos interesses da sociedade e a função primeira destes recursos, que é a de estar à disposição de todos. O aproveitamento econômico, principalmente após a Constituição Federal de 1988, é efeito secundário. Portanto, adiciona-se a exigência do princípio do interesse público, a necessidade da destinação do bem mineral ao uso geral para, em seguida, observar, por consequência, outro princípio, que é o do resultado global, isto é, antes da concessão da lavra, o Estado necessariamente verificará se o requerente da atividade mineira se sujeitará aos critérios sociais, ambientais e econômicos, trinômio que deverá ser analisado, conjuntamente, para certificação, por parte do Estado, da viabilidade do empreendimento.

Esses três princípios (supremacia do interesse público, a destinação do bem econômico ao uso geral e o do resultado global) necessariamente deverão ser observados pelo Estado, como titular da lavra, para conceder o direito de exploração do minério a terceiros, sob pena de responsabilização da autoridade que olvidar qualquer um deles, eis que, em prol do desenvolvimento sustentável, os três são inseparáveis.

Com relação ao explorador da atividade mineira, há que ser observado o princípio da recuperação da área degrada. Na impossibilidade de recuperação do ambiente modificado pela exploração, não poderá haver autorização de lavra. Nesta exploração há que prevalecer a obediência a critérios técnicos. Este princípio, chamado de conteúdo ético, surge em razão dos recursos minerais serem bens públicos e esgotáveis. Sendo assim, o critério técnico a ser observado tem por escopo demonstrar que os recursos, se desperdiçados, o serão no mínimo possível.

A esses princípios, de direito minerário urge acrescentar os princípios vinculados ao direito ambiental, como o da precaução e o da participação, eis que estão diretamente vinculados à exploração de recursos naturais. Com efeito, necessária é a atitude de cautela, com a finalidade de evitar riscos ao meio ambiente. Depois e até mesmo por exigência democrática e com a finalidade de legitimar o empreendimento, mister é a participação da população, através de audiências públicas, por exemplo, no processo de tomada de decisões. Depois, se a população se sente partícipe do processo, com certeza se interessará também pela fiscalização, denunciando possíveis desvios de rumos em razão do descumprimento do que fora amplamente debatido, antes da autorização do empreendimento e também durante e após a cessão da exploração.

Assim, a observância de tais princípios, seja por parte do Estado, como também por parte do minerador e de toda a comunidade, é indispensável para que prevaleçam as exigências de um desenvolvimento sustentável no tocante ao direito minerário, face à prevalência do interesse público neste setor. Necessário, pois, que tais princípios não sejam desprezados na interpretação e aplicação desta específica legislação, principalmente levando-se em consideração que a temática mineração é de interesse de toda a sociedade.

Sobre a necessária participação da coletividade no que tange à cabal implementação da proteção ambiental, Beatriz Souza Costa afirma:

> A Constituição fixa direitos/deveres do Poder Público e da coletividade como defensores/protetores do meio ambiente em benefício das presentes e das futuras gerações. Nessa perspectiva, o Poder Público, representado pelos três entes federados, tem a obrigação de aparelhar-se para prestar o melhor serviço possível aos cidadãos brasileiros.
>
> A coletividade também não pode se omitir. Esse dever de proteção ao meio ambiente é muito mais garantido quando entidades não governamentais prestam serviços, muitas vezes mais eficientes do que o Poder Público.
>
> A saúde das futuras gerações é uma das maiores preocupações, e por isso a proteção ambiental deve ser implementada com celeridade.[8]

Interessante destacar, principalmente no que tange ao direito minerário, que não é correto desprezar a peculiaridade de cada empreendimento. Assim, de se evitar a utilização automática de doutrina ou de legislação alienígena em nosso ordenamento jurídico ambiental.

---

8 COSTA, Beatriz Souza. *O gerenciamento econômico do minério de ferro como bem ambiental no direito constitucional brasileiro*. São Paulo: Editora Fiuza, 2009, p. 60.

Na verdade, nossas leis deverão observar mais os fatos acontecidos ou em andamento em cada atividade minerária para que o direito tenha mais efetividade. E, mesmo depois da legislação posta, o direito minerário é o que exige constantes decretos, resoluções ou portarias, justamente em razão da especificidade de cada empreendimento e também considerando as mudanças que ocorrerão após a autorização da exploração de determinados empreendimentos. Daí a necessidade de atitudes proativas e constantes das autoridades públicas. Portanto e principalmente neste direito e sob pena de desconsideração do princípio do desenvolvimento sustentável, não há lugar para inércia, para a omissão.

Ao doutrinar sobre o princípio do desenvolvimento sustentável, Romeu Thomé afirma que,

> Considerado o 'prima principium' do Direito Ambiental, o desenvolvimento sustentável tem como pilar a harmonização das seguintes vertentes:
>
> – Crescimento econômico;
>
> – Preservação ambiental e
>
> – Equidade social.
>
> O desenvolvimento somente será sustentável na hipótese de as três vertentes acima relacionadas serem efetivamente respeitadas de forma simultânea. Ausente qualquer um desses elementos, não se tratará de desenvolvimento sustentável.[9]

Assim, no direito minerário também restará desrespeitado o princípio do desenvolvimento sustentável se não obedecidas, concomitantemente, as três vertentes citadas dor Thomé. Os demais princípios vêm em complemento a esse princípio, na busca da preservação do meio ambiente.

4. COMO O DESPREZO AOS PRINCÍPIOS DO DIREITO AMBIENTAL E MINERÁRIO, BEM COMO A OMISSÃO DAS AUTORIDADES E DE TODOS OS ENVOLVIDOS, PODE CAUSAR PREJUÍZOS IRREVERSÍVEIS

Nota-se que, na segunda semana do mês de setembro passado, o Brasil tomou ciência de mais um tragédia ecológica, com o

9 THOMÉ, Romeu. *Direito Ambiental Econômico*. Salvador: JusPodium, 2011, p. 58.

rompimento da barragem B1 da Herculano Mineração, poluindo rios e ameaçando o abastecimento de água da grande Belo Horizonte, como se não bastasse a seca que atinge a todos nós, com destaque para a própria Minas Gerias e também São Paulo.

Trata-se do estouro de uma represa de rejeitos de minério na cidade de Itabirito, MG, que acabou por contaminar os ribeirões do Silva e do Eixo, afluentes do Rio Itabirito, que deságua no Rio das Velhas. Logo após o acidente, o Comitê da Bacia do Rio das Velhas alertou que os sedimentos despejados pela barragem podem comprometer o funcionamento da Estação Bela Fama, responsável pelo abastecimento de 60% da água de Belo Horizonte e de 40% da água da Grande BH.

E, para piorar a situação, outra barragem da mesma mineradora, agora a B2 da Herculano Mineração, corre o risco de se romper. A situação é de alerta total. Foram enterrados, em razão do acidente antes noticiado, os corpos de dois operários e o corpo de um terceiro desaparecido ainda não foi encontrado.

O Jornal Estado de Minas veiculou as notícias do rompimento da barragem B1, de propriedade da Herculano Mineração, demonstrando que, ao aproximarem, os repórteres, a 250 metros do local, constataram que:

> Dois lagos e um riacho que passavam pelo fundo do vale foram totalmente soterrados pela lama vermelha e pelo pó de minério de ferro. Dois postes de energia elétrica foram carregados pela onda de rejeitos, interrompendo o fornecimento de condomínios próximos por algumas horas. Tubulações de água que abasteciam a empresa e outras que levavam água para comunidades próximas foram destruídas.
>
> A trilha de minério seguiu correnteza abaixo pelo pequeno córrego, sendo depositada no leito quilômetros adiante. De acordo com a Feam, oito técnicos trabalham na região do acidente para identificar o nível de dano ambiental que sofreram córregos, lagos, vegetação e animais. Um relatório será produzido e divulgado ao fim desse trabalho.[10]

O relatório da Feam ainda não está pronto. Porém, não precisa ser especialista no assunto para saber que, para a ocorrência do

---

[10] GARCIA, André. Mais um dia de angústia. *Jornal Estado de Minas*. Sexta-feira, 12 de setembro de 2014, p. 7-8.

lamentável acidente, vários dos princípios de direito ambiental e minerário foram descumpridos. Ora, a legislação existe justamente para evitar que acidentes como o retratado acima ocorram, com prejuízos de vidas humanas e com o comprometimento do desenvolvimento sustentável. Ressalte-se a necessidade de atuação preventiva por parte das autoridades públicas, com a presença constante, através de fiscais, nos locais em que os minérios estão em extração.

Principalmente com relação ao direito ambiental, agir preventivamente é uma necessidade, um imperativo, para que não haja comprometimento da geração atual e também das gerações futuras. Com certeza, se as autoridades públicas agissem preventivamente inúmeros acidentes deixariam de ocorrer, em prol de todos nós.

Schiocchet e Liedke ao comentarem a respeito da "proteção constitucional às futuras gerações e os desafios à equidade intergeracional", ressaltam:

> Quando se fala em proteção jurídica das futuras gerações, devemos nos questionar: afinal, de que gerações se estão a tratar? Apenas de seres humanos ou futuras gerações de seres vivos num sentido mais amplo ou holístico? Talvez fosse a ocasião oportuna de considerar a natureza no seu sentido mais amplo como bem jurídico e objeto de imputação também no que se refere á proteção futura.[11]

Não há dúvida de que a natureza não é patrimônio apenas dos seres humanos, mas sim pertence a todas as espécies que aqui habitam. Por conseguinte, quando falarmos em gerações futuras estamos nos referindo a todos os seres viventes neste planeta.

5. LICENCIAMENTO AMBIENTAL PARA EXTRAÇÃO DE MINÉRIOS

Para o licenciamento ambiental, um dos instrumentos da Política Nacional do Meio Ambiente, previsto na Lei 6.938/81 – PNMA, há necessidade de apresentação do Estudo de Impacto Ambiental (EIA) e também do Relatório de Impacto Ambiental (RIMA). Tal licença será

---

[11] SCHIOCCHET, Taysa; LIEDKE, Mônica Souza. O Direito e a Proteção das Gerações Futuras na Sociedade de Risco Global. *In*: *Veredas do Direito*. Direito Ambiental e Desenvolvimento sustentável. Belo Horizonte. Escola Superior Dom Helder Câmara, v. 9, n. 17, jan./jun. 2012, p. 76.

exigida nas atividades que utilizam recursos ambientais, efetivas ou potencialmente poluidoras, bem como àquelas capazes de causar degradação ambiental, conforme consta do artigo 10 desta Lei 6.938/81.

Ao regulamentar a Política Nacional do Meio Ambiente, o Decreto 99.274/90 estabeleceu três espécies de licenças: a prévia (LP), necessária na fase inicial do planejamento; a licença de instalação (LI), autorizando a implementação; a licença de operação (LO), possibilitando o funcionamento da atividade.

A competência para expedir esse obrigatório licenciamento ambiental, no setor de mineração, pode ser do órgão ambiental do Estado ou do Instituto Brasileiro do Meio Ambiente e dos Recursos Naturais Renováveis – IBAMA, e são regulamentadas pelas Resoluções do Conselho Nacional de Meio Ambiente (CONAMA 009/90 e 010/90).

A resolução CONAMA 009/90 exige licenciamento no tocante à pesquisa mineral que envolver guia de utilização e lavra e/ou beneficiamento mineral. A Resolução 010/90 é necessária para extração mineral, com o registro de licença ou de extração.

É certo que tais licenças são concedidas após o cumprimento de várias exigências e apresentação de diversos documentos perante o Departamento Nacional de Produção Mineral – DNPM – e também junto ao órgão ambiental estatal competente para autorizar o início das atividades. A burocracia, nesse caso, é necessária, justamente para evitar empreendimentos que venham a comprometer o meio ambiente. Através destes documentos a autoridade pública poderá certificar-se, de antemão, da seriedade do empreendimento que poderá não sair do papel, caso não preencha os requisitos exigidos pela legislação vigente, bem como através dos decretos, resoluções e portarias, considerados como lei, no sentido material, e necessários face à peculiaridade de cada empreendimento.

6. A EXTRAÇÃO DE AREIA NA ÁREA DE PRESERVAÇÃO NATURAL

Em razão de o minerador ter a necessidade de ir e de estar no local onde há a ocorrência do mineral, surgiu o termo "rigidez locacional". Pela legislação brasileira, os recursos minerais pertencem à União que, mediante autorizações, concede a terceiros o direito de minerar.

Sabido é que a extração de areia acontece nos locais próprios, nos fundos de vales e dos rios e, por conseguinte, coincidindo, na maioria das vezes, com as matas ciliares, que são consideradas de preservação permanente (APP). Assim, são apreciadas pelo Código Florestal e pela Resolução 302/2002 do CONAMA como intocadas.

Para que se realize a pesquisa e a lavra dos recursos minerais faz-se necessária a concessão da União, que vigerá por prazo determinado. Por sua vez, o Código de Mineração, Decreto-lei nº 227, de 28/02/1967, em seu artigo 7º, exige que o aproveitamento das jazidas é dependente de alvará de autorização de pesquisa, a ser expedido pelo Diretor-Geral do DNPM e alvará de concessão de lavra, a ser expedido pelo Ministro de Estado de Minas e Energia.

Aludida autorização deverá ser recusada se a lavra for considerada prejudicial ao bem público ou comprometer interesses maiores, que superem a utilidade da exploração industrial, a juízo do Governo. Ressalte-se que, pelo artigo 42, do Código de Mineração, o ambiente é considerado entre os bens públicos. Aliás, a consideração do bem ambiental como público, está consignada no art. 225 de nossa atual Constituição Republicana, posto que necessário à sadia qualidade de vida e também de uso comum do povo. Assim e mesmo quando existir autorização para extração de areia, necessário é a restauração da área degradada.

Por isso que a Constituição Federal, em seu artigo 225, §2º, deixou expresso que, “aquele que explorar recursos minerais fica obrigado a recuperar o meio degradado, de acordo com a solução técnica exigida pelo órgão competente, na forma da lei”. O órgão público, portanto, não poderá deixar de exigir a recuperação e também de indicar ou aprovar a solução técnica que deverá ser observada na restauração da área destruída.

Entretanto, outra Resolução, também do CONAMA, a de nº 369/2006, autorizou a exploração de areia, em razão do interesse social desta substância mineirada, base da econômica deste país, em razão dos postos de trabalho que a construção civil gera. No entanto, esta citada resolução não se preocupou com os vários impactos socioeconômicos e ambientais que tais extrações provocam e, ainda, desprezou o fato de que se trata de bem natural não renovável.

Não se pode esquecer que a necessidade de criação de áreas de preservação permanente vem de encontro ao princípio da sustentabilidade e também se preocupa com as presentes e futuras gerações, eis que, se não fossem criadas e preservadas, em perigo estaria o meio ambiente. Como visto, a extração de areia ocorre justamente nestas áreas, posto que se localizam, tais mineradoras, próximas aos rios. Depois e em algumas situações, há necessidade de retiradas de materiais próximos às matas ciliares, degradando-as, além de a água utilizada na lavagem da areia jogar nos rios os resíduos que provocam assoreamento e poluição.

Conforme dito antes, o CONAMA, por meio da Resolução nº 369, de 28 de março de 2006, acabou por flexibilizar as então intocáveis áreas de preservação natural, em se tratando de extração de areia, eis que permitiu a intervenção ou supressão de vegetação naquelas áreas. Por conseguinte e conforme o disposto no art. 2º, II, alínea *d*, deste citado instrumento normativo, as atividades de pesquisa e extração de areia, argila, saibro e cascalho passaram a ser consideradas de interesse social. Assim e através de autorização de órgão ambiental competente, poderá haver a intervenção ou supressão da vegetação da APP.

Para expedir a Resolução nº 369, o CONAMA baseou-se no disposto no artigo 1º, §2º do Código Florestal Brasileiro que considera como atividades de interesse social, as seguintes: a) as atividades imprescindíveis à proteção da integridade da vegetação nativa, tais como: prevenção, combate e controle do fogo, controle da erosão, erradicação de invasoras e proteção de plantios com espécies nativas, conforme resolução do CONAMA; b) as atividades de manejo agroflorestal sustentável praticadas na pequena propriedade ou posse rural familiar, que não descaracterizem a cobertura vegetal e não prejudiquem a função ambiental da área; e, para o caso em análise: c) demais obras, planos, atividades ou projetos definidos em resolução do CONAMA.

A partir dessa resolução, há que se perquirir, e buscar minimizá-los, quais os impactos ambientais que são causados pela mineração de areia. Dentre tais impactos, considerados como negativos, podem se destacar os seguintes: a destruição da mata ciliar; a fuga dos animais daquelas áreas em exploração; a poluição das águas e dos solos;

a prática de queimadas com o escopo de colocar fim à cobertura vegetal, bem como a alteração dos cursos dos rios, de sua profundidade e a modificação da topografia.

A minimização de tais impactos ambientais poderá ser alcançada com o uso de tecnologia mais adequada e também com fiscalização constante das áreas de extração de areias e com a recomposição imediata dos locais. Nesta restauração da área explorada, a reconstrução deverá ocorrer de modo que o ambiente, existente antes da extração da areia, seja modificado o mínimo possível.

CONCLUSÃO

No Brasil o licenciamento ambiental, a partir da Constituição Federal de 1988 e leis ordinárias subsequentes ou recepcionadas por aquela Carta Fundamental, há que se considerar a perspectiva da sustentabilidade, principalmente considerando o impacto que a extração de minério causa ao meio ambiente e à sociedade, sobretudo no tocante às populações localizadas próximas à estas extrações.

Assim, os efeitos negativos das atividades minerárias estão sendo minimizados com uma efetiva e necessária fiscalização advinda do Poder Público, salvo, evidentemente, casos infelizmente não tão infrequentes de desvios de poder, de finalidade ou omissão escancarada por parte de algumas autoridades públicas, que ainda não estão conscientes de suas responsabilidades na preservação do meio ambiente.

Porém, é preciso mais e principalmente que o Congresso Nacional aprove o novo Código de Minas, de maneira técnica, ou seja, sem favores eleitorais, considerando que o Estatuto em vigor é datado de 28 de fevereiro de 1967. E, como sabido, os problemas ambientais daquela época não correspondem aos de hoje, diante das exigências constantes e crescentes do mercado consumidor e da prevalência do princípio do desenvolvimento sustentado sobre toda e qualquer legislação que o desprezar.

Enquanto não aprovado o novo Código de Minas e mesmo se aprovado sem preocupação com os anseios de um ambiente sustentável, destacamos que a Constituição atual preocupou, sobremaneira, com o assunto, ao normatizar, dentre os temas correlatos, a propriedade mineral, os institutos de recuperação de área degradada, o estudo de impacto ambiental, a compensação financeira pela exploração dos recursos minerais, exigindo também diálogo não exclusivamente econômico entre o Poder Público e a sociedade.

Depois, no campo do direito minerário, a interpretação e consequente leitura da legislação antiga, há que ser feita com lastro nos princípios do direito minerário e do direito ambiental. Portanto, as mineradoras devem minimizar os efeitos negativos que causam aos ecossistemas. Antes e para instalação destas empresas, com certificações ambientais, devem ser exigidas inúmeras ações, com a participação de diversos atores, a exemplo das audiências públicas, do envolvimento de ONGs, da participação do Ministério Público, dos termos de Ajustamento de Conduta e os Planos de Aproveitamento Econômico – PAE.

Assim e a partir da atual Constituição Federal o princípio do desenvolvimento sustentável é estendido às atividades minerarias. A partir de então, os princípios do direito minerário devem ser observadas considerando a coletividade, mormente em razão da supremacia do interesse público sobre o particular, bem como em razão da destinação do bem mineral ao uso comunitário, além de as concessões exigirem observância de critérios técnicos na exploração mineral, visando a um melhor aproveitamento, com o mínimo de desperdiço.

Portanto e principalmente no setor minerário, o desenvolvimento sustentável é uma exigência indeclinável, no mundo de hoje. Para tanto, necessário é que, conforme esclarecem Marcelo Gomes e Ricardo Carneiro,

> Desse modo, a atividade econômica no Brasil deve conciliar-se com a necessidade de garantia de sua continuidade mediante a preservação dos recursos ambientais, havendo a clara indicação de que os padrões de desenvolvimento econômico juridicamente desejados são aqueles que satisfaçam aos critérios de conservação de nosso patrimônio ambiental. Assim, os modelos insustentáveis, que não se adéquam aos pressupostos da preservação do meio ambiente, não são considerados em nosso sistema como verdadeiros modelos de desenvolvimento. Essa orientação constitucional tem por corolário a criação de um dever primário de manutenção da qualidade ambiental, o qual se encontra explicitado no *caput* do art. 225 da Constituição da República, ao estabelecer que todos

têm direito ao meio ambiente ecologicamente equilibrado, bem de uso comum do povo e essencial à sadia qualidade de vida, incumbindo ao Poder Público e à coletividade o dever de defendê-lo e preservá-lo paras as presentes e futuras gerações.[12]

BIBLIOGRAFIA

ALMEIDA, Humberto Mariano de. *Mineração e Meio Ambiente na Constituição Federal*. São Paulo: LTr, 1999.

ALTVATER, Elmar. *O Preço da Riqueza*: pilhagem ambiental e a nova (des) ordem mundial. Tradução de Wolfgang Leo Maar. São Paulo: Editora da Universidade Estadual Paulista, 1995.

COSTA, Beatriz Souza. *O gerenciamento econômico do minério de ferro como bem ambiental no direito constitucional brasileiro*. São Paulo: Editora Fiuza, 2009.

COSTA, Luiz Rodrigues da. Indústria mineira e ambiente: integração ou conflito? *In*: LINS, Fernando Antonio de Freitas. *Brasil 500 anos* – a construção do Brasil e da América Latina pela Mineração. Rio de Janeiro: CETEM/MCT, 2000, p. 209-231. Disponível em: <http://www.cetem.gov.br/publicacao/500anos_BLOCO%20I.pdf>. Acesso em: 23 jun. 2015.

DRUMMOND, José Augusto; NASCIMENTO, Elimar Pinheiro do (Org.). *Amazônia*: dinamismo econômico e conservação ambiental. Rio de Janeiro: Garamond, 2003.

DENARI, Zelmo. Função ambiental do tributo. *In*: MARTINS, Ives Gandra da Silva. *O Tributo*: reflexão multidisciplinar sobre sua natureza. Rio de Janeiro: Forense, 2007.

EGGERT, Roderick G. Trends in Mineral Economics: Editorial Retrospective, 1989-2006. *Resources Policy*. Vol. 33, p. 1-3, 2008.

ENRIQUEZ, Maria Amélia. Maldição ou Dádiva: os dilemas do desenvolvimento de regiões de base mineira. Brasília, 2007. Tese (Doutorado em Desenvolvimento Sustentável) – Universidade de Brasília, Centro de Desenvolvimento Sustentável.

FIORILLO, Celso Antônio Pacheco. *Curso de Direito Ambiental Brasileiro*. 6ª ed. ampl. São Paulo: Saraiva, 2005.

[12] SOUZA, Marcelo Mendo Gomes de; CARNEIRO, Ricardo. Mineração e Desenvolvimento Sustentável: A possibilidade de Lavra em Áreas de Preservação Permanente. *In*: SOUZA, Marcelo Mendo Gomes de (Org.). *Direito Minerário & Desenvolvimento Sustentável*. Belo Horizonte: Mandamentos, 2009, p. 333.

GARCIA, André. Mais um dia de angústia. *Jornal Estado de Minas*. Sexta-feira, 12 de setembro de 2014.

MARTINS, Adriano Oliveira; SANCHES, Raquel Cristina Ferraroni. Por uma Educação para Sustentabilidade. *In*: *Veredas do Direito*. Direito Ambiental e Desenvolvimento sustentável. Belo Horizonte. Escola Superior Dom Helder Câmara, v. 9, n. 17, jan./jun. 2012.

MUELLER, Charles C. Gestão de Matas Ciliares. *In*: LOPES, Ignez Vidigal *et al*. (Org.). *Gestão Ambiental no Brasil, experiência e sucesso*. 5ª ed. Rio de Janeiro: FGV, 2002.

NUNES, Paulo Henrique Faria. *Meio Ambiente & Mineração*: o Desenvolvimento Sustentável. Curitiba: Juruá, 2006

RAFFESTIN, Claude. *Por uma Geografia do poder*. São Paulo: Ática, 1993.

RIBEIRO, Carlos Luiz. *Direito minerário* – Escrito e aplicado. Belo Horizonte: Del Rey, 2006.

SERRA, Silvia Helena. *Direitos Minerários*: Formação, Condicionamentos e Extinção. São Paulo: Signus, 2000.

SCHIOCCHET, Taysa; LIEDKE, Mônica Souza. O Direito e a Proteção das Gerações Futuras na Sociedade de Risco Global. *In*: *Veredas do Direito*. Direito Ambiental e Desenvolvimento sustentável. Belo Horizonte. Escola Superior Dom Helder Câmara, v. 9, n. 17, jan./jun. 2012.

SIMÕES, Helena Cristina Guimarães Queiroz. Mineração: perspectiva de sustentabilidade a partir do Direito Ambiental. *Planeta Amazônia*: Revista Internacional de Direito Ambiental e Políticas Públicas, Macapá, n. 2, p. 127-128, 2010.

SOUZA, Marcelo Mendo Gomes de; CARNEIRO, Ricardo. Mineração e Desenvolvimento Sustentável: A possibilidade de Lavra em Áreas de Preservação Permanente. *In*: SOUZA, Marcelo Mendo Gomes de (Org.). *Direito Minerário & Desenvolvimento Sustentável*. Belo Horizonte: Mandamentos, 2009.

SOARES, Cristina Nepomuceno de Souza. Plano de Recuperação de Áreas Degradadas (PRAD). *In*: FERRARA, Marina; GALLO, Luciana Drumond; WERKEMA, Maurício Sirihal; PERSECHINI, Silva Ferreira. *Estudos de Direito Minerário*. Belo Horizonte: Fórum, 2012.

THOMÉ, Romeu. *Direito Ambiental Econômico*. Salvador: JusPodium, 2011.

CAPÍTULO V

LEGISLACIÓN, ADMINISTRACIÓN EN MEDIO AMBIENTE Y ORDENACIÓN URBANA: LA CUESTIÓN DE LA SEGURIDAD JURÍDICA – ORDENACIÓN URBANA AMBIENTAL Y LA FUNCIÓN DE LOS PODERES PARA LA SEGURIDAD JURÍDICA

Jose Eugenio Soriano Garcia

Un principio general del Derecho, absolutamente fundamental en cualquier aplicación del mismo que se haga en todo orden de cuestiones, es el principio de seguridad jurídica.

Este principio supone, ante todo, certeza y previsibilidad, tanto en la actuación del propio Legislador, como de la Administración y de los Jueces.

Respecto del Legislador, evidentemente tiene libertad de configuración, basada en el pluralismo político. Sin embargo no es absolutamente libre como lo fue en el Antiguo Régimen, ya que la Constitución es una Norma Jurídica, no una mera orientación política. Una norma de Derecho y como tal aplicable por los Tribunales, sea en la fórmula continental europea de disponer generalmente de un Tribunal Constitucional, lo que se denomina "control concentrado" de tipo kelseniano –en homenaje a Hans Kelsen, su genuino inventor, sea en la fórmula de control difuso, más típico norteamericano– aunque combina con el Tribunal Supremo también su arquitectura constitucional –

en cuya virtud, cualquier Juez puede aplicar sin más la Constitución –, bien para anular una norma legislativa contraria, bien para al menos "desplazarla", esto es, congelar su aplicación, hibernando su contenido e inaplicándolo inclusive sin pronunciarse expresamente sobre tal ley.

Por consiguiente, el principio de seguridad jurídica, juega desde luego para el propio Legislador, con todos los matices que permite el pluralismo político y la clara determinación de que la Ley no es una simple ejecución de la Constitución, sino que cabe un amplio abanico de posibilidades, aunque con el límite claro de no poder ir en contra directamente de la Constitución. Es algo así, como un arco iris, en que lo fundamental es que se vea el haz de luz, pero cada color es distinto, diferente, si bien todos colaborando con el fin de constituir ese puente perfecto de irradiación que todos reconocemos.

El legislador pues ha de tener presente el principio de seguridad jurídica, desde la óptica constitucional.

Ello lleva a una nueva forma de legislar inclusive para el propio Parlamento. Veamos.

Hasta ahora, partiendo de que en el ámbito legislativo cualquiera puede llegar a ejercer de parlamentario sin exigencia alguna de títulos, ni de experiencia, ni, en fin, de exigencia alguna de cualificación, viene sucediendo que, por arte de magia, parece que todo parlamentario recién elegido queda investido con una especie de "sabiduría universal", una omnipotencia y omnipresencia que le hace saber de todo, opinar de todo, y… acertar en todo.

Pero esto es rigurosamente falso. Nadie se transforma en experto universal por el hecho de ser elegido parlamentario. La política es un arte, no una ciencia, y como tal arte reposa en los técnicos, en los expertos, si quiere acertar. Porque, ya adelanto, no existe la menor oposición entre Democracia y Meritocracia. Luego lo explicaremos.

Para lograr la adecuada combinación entre Política y Conocimiento, una fórmula bien experimentada y con éxito, consiste en la creación de solventes Comisiones de Expertos al servicio del Parlamento. Comisiones siempre "ad hoc", esto es, para el caso concreto.

Consiste este método de aumentar la seguridad jurídica en designar un experto de máximo prestigio, darle medios, fijarle un tiempo amplio para trabajar, permitir su absoluta independencia de los partidos y gobiernos y que llame a su vez a diferentes técnicos que puedan ir engrosando el expediente con sus saberes. Sea en Medio Ambiente, en Ordenación del Territorio, en Urbanismo, o en cualquier materia ardua y difícil, deben los Parlamentos, permitir que expertos, incluso expertos extranjeros, sean llamados a esas Comisiones y puedan aportar sus dictámenes, opiniones, pareceres, siendo ya muy frecuente, incluso, que se graben en televisión las entrevistas que suelen seguir al examen previo del documento producido por el experto.

La finalidad de estas Comisiones es, precisamente, examinar con calma y profundidad un asunto, un tema. Y poder decir la verdad, sin estar sometido a las exigencias de la "corrección política", de forma tal que en muchas ocasiones, verdades claras (en español decimos "verdades como puños") que no se atreven a decir los políticos, o que políticos demagogos y prensa demagógica, tan frecuente, impiden que entren en el debate, tengan así ocasión de ser examinadas y resueltas.

Muy importante en estas Comisiones son las opiniones de técnicos, decimos. Pero tan importante como ello es lograr documentos, que en el caso del Medio Ambiente y Territorio y Suelo, han de ser, muchas veces, documentos gráficos, tales como reportajes históricos para ver cómo era la realidad antes de que se lesionara el bien público en que el Medio Ambiente, Territorio y Suelo consiste; o fotografías, y, desde luego, estadísticas, gráficos, números, etc.

Porque los hechos son los hechos y no se pueden confundir con las meras opiniones. Y el parlamentario no puede desconocer esos hechos.

Ventaja también de estas Comisiones de cara a informar correctamente a los parlamentarios, que insistimos no por serlo saben de todo, es que disponen de tiempo para examinar el asunto, por ejemplo, en el Parlamento Británico el Informe sobre Reforma de las Profesiones (un tema alejado del nuestro pero que da idea de que todo se puede examinar) se encargó a un experto prestigioso y se realizó en casi tres años. Sorprenderá desde luego que se tenga que utilizar tanto tiempo, pero por ejemplo, en este caso, en el Reino Unido, se estimaba que las profesiones formaban una parte importante del Producto Interior Bruto británico y por tanto se tomaron mucho tiempo para examinar la cuestión en el plano técnico).

La lección que en lo que hace al tiempo conviene retener de cara a la exigencia al Legislador de que disponga de un tiempo razonable para abordar los asuntos, es que no se puede jugar políticamente siempre al corto plazo. Que cabe también en temas fundamentales para un país, tomarse largo plazo, atender a expertos, respetarlos, darles independencia, hacer números, retener los hechos y no ideologizarlos. Y que no quepa la menor duda de que en Brasil, resueltamente, el Medio Ambiente, el Territorio y el Urbanismo, son bienes públicos esenciales que no pueden quedar en manos de políticas demagógicas a corto plazo ni de populismos redentores de ninguna clase. Brasil, literalmente, se la juega como país en el Medio Ambiente, Ordenación Territorial y Urbanismo. Es su gran bien, visto desde una perspectiva universal y si lo pierde, como en alguna medida lo está perdiendo, las generaciones futuras quedarán en situación de discapacidad.

Continuemos. Sólo después, tras emitir su informe, y hacer un detenido examen del mismo, con un examen cruzado sobre el autor en el que los parlamentarios puedan hacerle toda clase de preguntas y de solicitudes de opinión, y de exigirle que responda nítidamente a sus preguntas, sólo entonces, decimos, el parlamentario ya bien informado, tomará su decisión.

Naturalmente ya en ese momento su decisión es libre, pero al menos será una opinión o una decisión informada. Con lo cual, el paso siguiente a dar es que motive, que justifique su decisión. Porqué se aparta, en su caso, del informe del experto, por qué en otras ocasiones lo admite y apoya.

En definitiva, con los bienes públicos esenciales de un país, el propio Legislador ha de tener límites. Límites externos de carácter jurídico, constituidos por el conjunto de exigencias constitucionales. Y límites internos, que deben llevarse al Reglamento de las Cámaras Legislativas –federales, estatales, locales– para conseguir que sea un parlamentario informado y un parlamentario justificado.

De lo que se trata, en definitiva, es que pueda adoptar sus criterios, siempre libres políticamente, con seguridad, con certeza de información. Y al mismo tiempo que cuando de su opinión y conforme su decisión, que justifique su criterio, que ante los electores, pero también ante el país, e incluso ante la historia, pueda explicar coherentemente con justificación y motivación, su decisión.

Esta forma de legislar, más novedosa que la tradicional, tiene ventajas de todo tipo, pensando en que los bienes públicos, como el Medio Ambiente, el Territorio y el Urbanismo, sufren la famosa "tragedia de los bienes comunes", que por ser de todos, no son de nadie y en consecuencia nadie los cuida.

Ello lleva sin solución de continuidad, a exigir que respecto de estos bienes públicos exista una correcta asignación de los derechos de propiedad.

Ante todo, entendemos por propiedad la capacidad de tomar la última decisión en orden a transformar un bien. Es propietario a estos efectos quien tiene el último y definitivo poder de disposición sobre el bien y puede transformarlo irreversiblemente.

Porque sucede que en los bienes públicos de los que estamos hablando –Medio Ambiente, Ordenación del Territorio y Urbanismo– nos encontramos ante "partículas jurídicas irreversibles".

Efectivamente, una vez que se produce la transformación de un bien público de estas características, ligados siempre a la Naturaleza y a su modificación por los humanos, prácticamente es imposible, en términos reales, volver atrás, dar marcha atrás. Una vez que sucede esa transformación por obra humana, se acabó para siempre, en términos realísticos, la posibilidad de recuperar el pasado, reintegrar el bien al estado primitivo.

De ahí las cautelas que hay que adoptar continuamente con carácter previo. Y para ello, hay que buscar un cuidador del bien, un verdadero tutor de tales valores. Y nadie mejor que el propietario, naturalmente, bien sometido a los límites legales.

Ahora bien. Existe la tendencia a identificar propietario sólo con propiedad privada. Esto es un error. El propietario puede ser perfectamente público, por ejemplo un Municipio, una Región. Cuestión distinta a su vez es cómo gestione esa propiedad, si directamente o mediante concesión que es una forma indirecta de gestión perfectamente pública. El concesionario podrá ser un concesionario privado que logre mediante concurso esa gestión, pero desde luego, se trata de un giro o tráfico puramente público y que deberá someter a controles –previos, simultáneos y posteriores– a quienes gestionen esa concesión.

Pero lo capital aquí, resueltamente, es que haya alguien que cuide y se responsabilice del bien. No basta indicar que las playas o bosques o selvas son bienes públicos y que hay que proteger a sus poblaciones indígenas, etc. No. Si se hace así, nos colocamos en la terrible situación indicada de la "tragedia de los bienes comunes" ya que se producirá un vacío total que no puede ser rellenado por nadie. Por el contrario, la asignación correcta de los derechos de propiedad, sean a organizaciones públicas, colectivas, o privadas, con exigencia de responsabilidades, con inspecciones previas, con imputación penal inclusive, tanto a públicos como a privados, si se produce una situación lesiva para tales bienes, parece la mejor manera de defender lo que debe ser de todos. Y ello produce, claramente, seguridad jurídica y certeza en el Derecho.

Por de pronto se tiene a alguien responsable, un titular concreto, público, colectivo o privado. Ya es un primer paso. A ese titular es a quien se le deben atribuir los derechos correspondientes y eventualmente también las responsabilidades. Sobre la base subjetiva de disponer de alguien concreto con capacidad económica, técnica, jurídica, para saber quien es, ya dispondremos de un sujeto o de un conjunto de sujetos perfectamente identificados sobre los que hacer recaer la Ley.

Y a partir de ahí, entra en juego, claramente, el tema de la actuación administrativa y de la actuación judicial, que pasamos a examinar.

Pero vayamos fijando conclusiones.

Primera es que el propio Legislador está vinculado por Normas superiores, la Constitución la primera, y que no tiene un espacio totalmente abierto sino cerrado a la arbitrariedad. Y el cierre lo ofrece la aplicación de las nuevas formas de legislar.

También, aspecto importante, el Legislador si quiere ser previsible y por tanto ofrecer seguridad jurídica, ha de atender a los Tratados Internacionales. Y respetarlos. Lo cual supone, desde luego, tener un aparato administrativo, burocrático, que racionalmente aplique tales tratados y que tenga suficiente independencia inclusive para ser crítico con la actuación de su Gobierno.

Aquí es esencial, luego insistiremos, la separación entre Gobierno y Administración. Los burócratas tienen que ser seleccionados mediante concursos públicos transparentes, honrados y honestos, limpios, en los que solamente prime el conocimiento y la experiencia. Y desde luego, ha de utilizarse la máxima transparencia en su selección.

Me atrevo a sugerir que los burócratas, muy especialmente aquellos que tengan que aplicar normas provenientes de Tratados Internacionales, han de ser expertos seleccionados hoy inclusive con fórmulas públicas de transparencia total, tales como la utilización de Internet en su selección.

Propondré un ejemplo.

Supongamos que se necesita un experto en cuidado de las plagas sobre la agricultura. Pues bien, hoy en día, habría que preguntar a dicho candidato cuales han sido sus éxitos previos en la lucha contra estos parásitos, si tiene en cuenta la dimensión ecológica de los pesticidas, si puede aportar datos de lucha contra la contaminación química que tienen muchos productos, si ha tenido fracasos, si, en otro plano, tiene conexión con el Gobierno. También que narre públicamente por qué se merece ese puesto. Y desde luego, cada cierto tiempo, habrá que examinarle, viendo cuales son sus resultados y evaluándolos independientemente con técnicas regladas. Todo ello, insistimos, con un examen público que además pueda publicarse todo, incluidas las entrevistas, en Internet. Y quien quiera presentarse tendrá que aceptar que sus datos e imagen sean publicadas en la red y sean conocidas transparentemente por todo el mundo. Tiene que permitir una cesión de datos universal. Es demasiada la responsabilidad depositada en un sujeto que tenga que actuar sobre estos bienes públicos como para impedir el conocimiento de su curriculum vitae y en general su opinión sobre el asunto de que trate.

Y en caso de aplicar Tratados Internacionales, potencia la seguridad jurídica el que puedan existir informes de terceros países o de Organizaciones internacionales.

Y es que la idea de soberanía, tal como se concebía hasta la II Guerra Mundial ha cambiado. Y en la Unión Europea, sabemos bien que ese cambio es definitivo y creciente. Hoy más del 20% de la legislación de los Estados miembros de la Unión, está basada en aplicar normas europeas o en desarrollarlas especialmente las denominadas Directivas, que son normas que se caracterizan porque proponen un fin pero permiten a los Estados libertad en los instrumentos y medios para conseguirlas.

Y característica de la Unión Europea es que, normalmente, no tiene burocracia propia en los Estados Miembros, sino que utiliza la de los propios Estados (con excepciones), dedicando el grueso de su propia burocracia a su organización interna.

Consecuencia ineludible de la exigencia de fiscalización, control y orientación sobre el propio Legislador es que este mismo, tradicional expresión de la soberanía, queda sometido directamente al principio de responsabilidad patrimonial.

Extrañará para mentes tradicionales tal posibilidad. Lo clásico del derecho parlamentario es que la Ley no puede ocasionar daño, lo cual se solía expresar con el tradicional aforismo del parlamentarismo británico "The King can do not wrong", que a su vez se venía a fundamentar en la exigencia de que todo nuevo parlamento sustituyera al anterior directamente, sin solución de continuidad, siendo en cada renovación, a su vez, absolutamente libre del pasado y pudiendo en consecuencia modificar de arriba abajo la totalidad de las leyes y con ellas del Derecho. Curiosa y paradójicamente combinado con la idea de que existían fundamentos históricos de documentos clásicos y básicos que constituían una suerte de constitución histórica inalterable solamente renovada por acumulación de nuevos documentos de semejante índole (Carta Magna, Bill of Rights…).

Esta suerte de inviolabilidad de las normas parlamentarias fue no obstante cuestionada. De un lado, aparecían los "Bill of attainders" que proscribían a un particular del ordenamiento general, dictando una ley "ad hoc", singular, "in pejus" y que le caracterizaba por demoler su situación personal mediante su "muerte civil", esto es, la pérdida de todos los bienes y la incapacidad de adquirir bienes, incluso, eventualmente, esa ley del parlamento disparada contra un sujeto singular, suponía sin más, inclusive su muerte.

La eliminación de este tipo de leyes "contra cives" suponía un primer paso en la limitación de la disponibilidad infinita del Parlamento para hacerlo todo Parlamento que en el Reino Unido "todo lo puede salvo convertir a un hombre en mujer", según la célebre frase del ginebrino, Jean Louis De Lolme.

El paso siguiente lo ofrece ya la exigencia de responsabilidad, al propio Parlamento, de responsabilidad, de carácter patrimonial, por dictar una ley que, siendo a su vez inconstitucional, ocasione un daño singular a un sujeto concreto o a una clase de sujetos.

Este paso, desde luego se ha dado en varios países, España entre ellos, donde existe ya una consolidada jurisprudencia que permite exigir reparación patrimonial por los daños y los perjuicios que ocasione una Ley. Así una Ley, sea nacional, sea autonómica (estadual) supone claramente que ha de cumplir con todos y cada uno de los datos con los que el Derecho organiza su sistema de fuentes, entre el que destaca singularmente su exigencia de atender a los principios generales del Derecho, y sin lugar a dudas, al derecho subjetivo de un ciudadano.

El dato cobra interés ya que supone que en la elaboración de las leyes ya hay que tener presente el Derecho en su conjunto, en su totalidad, sin que cada ley, por su cuenta, pueda pretender aparecer "ex novo" como un recién nacido que viene al mundo a descubrir él sólo todo lo que el orbe le ofrece. Por el contrario, desde la cuna, viene ya mecido por un claro orden constitucional e internacional que determina con claridad las coordenadas en las que se moverá le legislación.

En el caso medioambiental, territorial, urbanístico, existen así mecanismos e instrumentos predeterminados a los que no puede escapar ningún texto teniendo todos los nuevos actos legislativos que someterse a lo que tales Tratados y Constitución, dispongan.

La seguridad jurídica en estos ámbitos, aparece pues, preconcebida. Existe una predeterminación fiable, modesta, práctica, de los límites del legislador, que éste no puede desconocer. Solo un acto antisistema, la aparición de antisistemas que vengan a subvertir el orden constitucional y, a partir de ahí, el orden internacional, podrían eliminar tal certeza y fiabilidad de los instrumentos de protección del medio ambiente, del territorio, del urbanismo.

Resueltamente, este tipo de actuaciones antisistema serían las únicas que destruirían las posibilidades de organización racional de la legislación y de su ejecución en los términos más favorables para la seguridad. De ahí la absoluta necesidad de evitar populismos que entiendan que la democracia está por encima del Derecho, que puede hacer democracia sin ley. Es la ley, a su vez, en un "eterno ritornello" la que retroalimenta a la propia democracia y ésta se proyecta en un parlamento representativo que acaba siendo el germen del propio ensamblaje entre Derecho y Democracia. La democracia tampoco es, jamás, acción directa. El propio referéndum, en su caso, ha de ser mirado con extrema cautela. Máxime desde la perspectiva de la seguridad jurídica.

En este orden de cosas, será la Constitución y los Tratados internacionales los que determinen la asignación correcta de los derechos de propiedad. Y los límites a la misma.

El Medio Ambiente, se caracteriza por ser un bien público difuso, internacional, que repercute ya en todo el mundo que, a estos efectos, desde la globalización del mismo en todos sus aspectos positivos y negativos, supone que excede inclusive del ámbito nacional su protección. Esto supone que caso de lesión severa al medio ambiente, hecha por el legislador, pueden aparecer instrumentos de retorsión de orden internacional.

Es absolutamente necesario crear un "Tribunal Medioambiental Internacional" al modo del Tribunal Penal Internacional. Y la sede, tiene que ser un país Iberoamericano o asiático, dado que son emergentes y nuevos en este mundo, que carecen de otras instituciones y que precisamente en ellos se encuentra ahora la mayor amenaza al Medio Ambiente. Y el día en que África alcance su estabilidad, naturalmente puede compartir sede.

Este Tribunal que propongo debería tener instrumentos de coacción, disponer asimismo de la colaboración de técnicas complementarias de Arbitraje Internacional, que es un instrumento cómodo y sencillo, y finalmente crear una jurisprudencia avanzada que vincule a todos los países firmantes del correspondiente Protocolo de Adhesión.

Como evidentemente habrá países que no se sumen, habría que hacer una clasificación jerárquica de sus inversiones, primando y ayudando a aquellas que provengan de países adheridos y modificando en este punto, mediante excepciones incluso las reglas tradicionales de la OMC. El Medio Ambiente, amerita hacerse paso, tener un ámbito nuevo, lograr nuevas fórmulas de implantación, y fijar incentivos positivos y negativos en este orden mundial que ahora se avecina, o mejor aún, que ya estamos en él.

En lo que hace a Ordenación Territorial y Medio Ambiente, la técnica de la seguridad jurídica, está íntimamente ligada a la transparencia. Transparencia compatible con el secreto de las deliberaciones de aquellos órganos que libremente puedan pensar y decidir, ya que sin caer en los viejos "arcana principii", ciertamente la libertad de discusión y debate ha de ser total, completa y ello supone que autónomamente pueden razonar quienes formen parte del órgano colegiado correspondiente.

Hasta ahora, hemos venido indicando que la legislación, en el plano superior del propio Parlamento, ya queda sometida desde luego, a límites, antes desconocidos, con aplicación inmediata de Tribunales Constitucionales precisa y resueltamente encargados de su fiscalización.

Dentro de las nuevas exigencias impuestas a la propia legislación primaria de carácter parlamentario, se encuentran, como venimos indicando, los Tratados Internacionales. Ahí se encuentran posibilidades inéditas de transmitir conocimientos, de transferir los resultados de la investigación internacional a cualquier parte del mundo, ya que mientras más alejado esté el centro de difusión y de poder más cercana estará la aplicación de los resultados de la investigación.

Porque no se puede olvidar que, incluso con los límites constitucionales, la legislación está directamente influida por los grandes centros de poder, de empresas privadas que realmente dominan a los partidos políticos. Un ejemplo entre mil: el caso de las empresas eléctricas y su relación con la energía fotovoltaica doméstica, la innovación en las baterías de acumulación, el coche eléctrico y otras formulaciones nuevas que ya se están dando, en el plano de la investigación, pero que las grandes compañías petroleras y eléctricas, impiden crecer ya que en el fondo son quienes hacen la legislación. Y desde luego la técnica de freno, de impedimento, de retraso, es evidente. Por seguir con este ejemplo, ya las baterías incluso domésticas, comienzan a ser una realidad posible en California, en el nivel experimental todavía, pero prometedor. Pero no se consigue avanzar ni se conseguirá mientras las compañías eléctricas vean como una amenaza real la alternativa de tales huertos solares con acumulación doméstica en baterías sostenibles.

De ahí que solamente si se consigue que un movimiento de base ciudadana importante, logre proyectar en un Tratado internacional la exigencia de invertir en investigación o al menos de aceptar las transferencias de los resultados de la investigación, sin imponer barreras que impidan la innovación y la creación, pueda lograrse el objetivo de que efectivamente exista seguridad jurídica para los innovadores, emprendedores y creadores.

Si ahora descendemos al nivel de la Administración, ciertamente ésta ha de seguir los dictados de la legislación y por tanto será depositario del nivel de seguridad jurídica que provenga ya de la propia legislación, del nivel legislativo.

Ahora bien, mucho nos engañaríamos si pensáramos que existe un silogismo lógico en que la premisa mayor fuera la legislación, la premisa menor la Administración con sus Reglamentos y, la conclusión, fuera decididamente el acto administrativo perfectamente ajustado a las exigencias impuestas por la legislación primaria (Parlamento) y secundaria (Administración – Reglamento). Eso sería vivir en el país de las Maravillas. Lamentablemente la conocida "discrecionalidad" administrativa, por otra parte en muchas ocasiones absolutamente necesaria, tiene "vida propia", evoluciona por su cuenta, camina definitivamente por cauces autónomos, endógenos y separados claramente de la legislación. Cínicamente, como dijo un famoso político español de principios del siglo XX "Que otros hagan las Leyes y me dejen a mí los Reglamentos".

Y es que en el ámbito reglamentario, y mucho más precisamente donde se juega con bienes públicos, como Medio Ambiente, Territorio y Urbanismo, donde no hay un titular concreto, resulta fácil manipular la técnica administrativa, bien directamente, bien en los plazos, períodos transitorios, exigencias técnicas… que impiden cuestionar al final el "status quo", con perjuicio para la investigación, y sin lugar a dudas para el consumidor.

Aquí, en el nivel de la legislación administrativa (Reglamentos) la solución es, sin dudar, la que ofrezca el Poder Judicial, mediante el control contencioso- administrativo, que si efectivamente tiene lugar por Jueces independientes, con poder suficiente y sobre todo, con creencia en su propio Poder, capaces de llevar a cabo la ejecución de las Sentencias y demás Resoluciones que dicten, decididamente se podría llevar a cabo la posibilidad de ofrecer seguridad jurídica. Pero ello supone, también, alejarse de lo "políticamente correcto" y de cualquier populismo que atendiendo al corto plazo a costa de estos bienes públicos, pretenda simplemente que también el Juez participe directamente del sistema político (si es que es un "sistema" y no un caos) y acepte sin más esa destrucción de estos bienes públicos en aras de otros "derechos", estos sí con faz, cara y ojos, que son capaces de presionar directamente a todos los poderes públicos.

Tiene que hacerse una recopilación exacta, resuelta, de toda la jurisprudencia en Medio Ambiente, Ordenación Territorial y Urbanismo. Siempre poniendo bien claro, en negro sobre blanco, el nombre del Juez que sea el ponente, el que realmente dicte la Sentencia. Y luego, asociaciones de medio ambiente, valorar y puntuar a tales Jueces. Establecer un rango, una lista jerarquizada de Jueces favorables, indiferentes o desfavorables al Medio Ambiente, al Territorio y al Urbanismo. Y a partir de ahí, tras un análisis bien realizado del Juez y sus Sentencias, publicitarlo en la red, de forma que virtualmente todo el mundo sepa con quien se la juega. Naturalmente de forma respetuosa, "fortiter in re, suaviter in modo" pero dejando claro los fundamentos, la base, el verdadero y solvente suelo sobre el que apoyar el edificio de una Sentencia que, con suficiente explicación, sea capaz de vencer la presión de los gremios, corporaciones, asociaciones, "pasilleos", y en fin, capaz de conducir y orientar correctamente la salvaguardia, en el largo plazo, de cuanto tiene que salvarse en estos bienes, que "por ser de todos, no son de nadie".

Capítulo VI

EL DERECHO A LA VIVIENDA EN SU RELACIÓN CON LOS DERECHOS A LA CIUDAD Y AL MEDIO AMBIENTE

Marcos Vaquer Caballería

1. LA VIVIENDA COMO PARTE DEL HÁBITAT: VIVIENDA, CIUDAD Y MEDIO AMBIENTE

Al igual que otros derechos económicos, sociales y culturales, el derecho a la vivienda ha ido abriéndose camino a partir de la segunda mitad del siglo XX primero en las declaraciones internacionales de derechos, después también en algunas Constituciones, tanto en Europa como en Latinoamérica.

La Constitución española de 1978 (a la que en adelante me referiré también con el acrónimo CE) lo proclama en su artículo 47 en estos términos:

> Todos los españoles tienen derecho a disfrutar de una vivienda digna y adecuada. Los poderes públicos promoverán las condiciones necesarias y establecerán las normas pertinentes para hacer efectivo este derecho, regulando la utilización del suelo de acuerdo con el interés general para impedir la especulación.
>
> La comunidad participará en las plusvalías que genere la acción urbanística de los entes públicos.

Si se observa la expresa vinculación que traba el precepto entre suelo y vivienda como bienes jurídicos y en su localización dentro la estructura del texto constitucional, se puede afirmar que el concepto de vivienda manejado se refiere a la vivienda como *hábitat*[1] de la persona.[2] En efecto, el derecho a la vivienda está sistemáticamente ubicado dentro de lo que podemos calificar como la Constitución ambiental,[3] es decir, el bloque formado por los artículos 45 a 47 de la Constitución, que empieza proclamando el derecho a disfrutar de un medio ambiente adecuado, sigue ocupándose de la utilización racional de los recursos naturales – esto es, del medio natural –, después lo hace del medio artificial cuando protege el patrimonio cultural y finalmente proclama el derecho a disfrutar de una vivienda digna y adecuada.

La Constitución de Portugal de 1976 también trata de forma sucesiva y consistente los derechos a la vivienda y al medio ambiente en sus artículos 65 y 66. Y la Constitución de la República del Ecuador de 2008 (también conocida como de *Montecristi*) reúne "hábitat y vivienda" en una misma sección, la sexta, del capítulo segundo de su título II, dedicado a los que denomina "derechos del buen vivir". El artículo 30 encabeza esta sección con el siguiente tenor:

> Las personas tienen derecho a un hábitat seguro y saludable, y a una vivienda adecuada y digna, con independencia de su situación social y económica.

Esta conexión lógica entre vivienda y medio o hábitat cobra pleno sentido si se tiene presente que la vivienda es el medio más inmediato

---

1 De hecho, el término "vivienda" es excepcional en el panorama comparado. En todas las lenguas romances de nuestro entorno se utilizan términos procedentes del *habitare* latino, como *habitatge* en catalán, *habitação* en portugués, *habitation* en francés o *abitazione* en italiano, o bien del latín *allocare*, como *alloggio* en italiano o *logement* en francés. De acuerdo con esta aproximación etimológica, nuestro derecho a la vivienda equivaldría a un derecho de "habitación" o de "alojamiento", aunque más adelante veremos las especialidades de la vivienda como bien jurídico dentro de dicho género.

2 Véanse Marcos Vaquer, *La eficacia y la efectividad del derecho a la vivienda en España*, Madrid, Iustel, 2011, págs.. 21 y ss. y Juli Ponce Solé, en Ponce Solé y Sibina Tomàs (coords.), *El derecho de la vivienda en el siglo XXI: sus relaciones con la ordenación del territorio y el urbanismo*, Madrid, Marcial Pons, 2008, pág. 103.

3 Acerca del bloque ambiental de la Constitución española formado por sus artículos 45 a 47, véase L. Parejo Alfonso, A. Jiménez Blanco y L. Ortega Álvarez, *Manual de Derecho administrativo*, 4ª ed., Barcelona, Ariel, 1998, vol. 2.

de la persona, el medio o entorno en el que disfruta de su intimidad individual y personal y, por ello mismo, el más directamente conectado con el valor de la dignidad personal, fundamento último de los derechos y deberes fundamentales y clave de bóveda de toda la parte dogmática de la Constitución, de conformidad con lo proclamado en el artículo 10 que introduce el título dedicado a los derechos y deberes fundamentales en el caso de España.

Habida cuenta de esta sucesión sistemática de preceptos constitucionales, puede afirmarse también que el derecho a la vivienda es inescindible del derecho a disfrutar del medio ambiente (urbano o rural) en el que la vivienda se integra[4] y en particular, más recientemente, del llamado "derecho a la ciudad".

Antes de avanzar, conviene precisar algo el sentido y alcance de estos derechos al medio ambiente y a la ciudad. El primero tiene una mayor raigambre, tanto en el Derecho internacional como también en el interno. Y teóricamente, la noción de medio ambiente incluye tanto al medio natural como al artificial o cultural y, por tanto, tanto al medio rural como el urbano. Así lo afirmaba ya la Declaración de Naciones Unidas de Estocolmo sobre el medio humano, de 1972: "Los dos aspectos del medio humano, el natural y el artificial, son esenciales para el bienestar del hombre y para el goce de los derechos humanos fundamentales, incluso el derecho a la vida misma".

Pese a ello, es cierto que la política ambiental ha estado tradicionalmente más volcada en el cuidado del medio natural y que éste plantea problemas algo diversos de los que suscita el medio urbano. La protección de la naturaleza demanda sobre todo medidas de ordenación física del espacio y conservación de la biodiversidad, mientras que la calidad del medio urbano obliga a una articulación más intensa de éstas con medidas de orden socio-económico:[5] la ciudad

---

4 A esta conexión entre la vivienda y el medio urbano o rural como bienes constitucionales ya se refirió tempranamente Martín Bassols Coma, "Consideraciones sobre el derecho a la vivienda en la Constitución española de 1978", *Revista de Derecho Urbanístico*, nº 85, octubre-diciembre 1983, págs. 20-21.

5 De ahí, por ejemplo, que la Unión Europea apueste por políticas urbanas integradas. En los términos de la Carta de Leipzig sobre Ciudades Europeas Sostenibles de 2007: "Una política integrada de desarrollo urbano representa un

es un asentamiento humano caracterizado por la aglomeración, donde se concentran la población, el capital, la actividad económica y la diversidad cultural. La alta demanda del medio urbano encarece sus precios y ello provoca que el acceso de las personas a las dotaciones y servicios urbanos – sin el cual los habitantes de la ciudad no pueden ser llamados *ciudadanos* en sentido pleno – no sea ya una mera cuestión de accesibilidad física (diseño para todos, supresión de barreras, etc.) sino también socio-económica (acceso gratuito o asequible a la vivienda, al agua, al transporte, a los equipamientos y servicios educativos, sanitarios y deportivos y demás recursos de una vida digna en la ciudad).

La paternidad del concepto de "derecho a la ciudad" se le atribuye a Henri Lefebvre, cuyo libro *Le droit a la ville* fue publicado en 1968,[6] cuando ya se empezaban a hacer evidentes los efectos perversos de la especialización funcional de los espacios urbanos y de las ciudades-dormitorio masivas construidas en los suburbios de las grandes ciudades para alojar a población obrera e inmigrante. "En un periodo en el que los ideólogos discurren profusamente sobre las estructuras, la desestructuración de la ciudad manifiesta la profundidad de los fenómenos de desintegración (social, cultural)", frente a los que Lefebvre propone un derecho a la ciudad "como llamada, como exigencia" que "sólo puede formularse como *derecho a la vida urbana*, transformada, renovada".[7]

Poco a poco, han ido creciendo los problemas de las aglomeraciones urbanas: pobreza urbana, degradación de barrios y segregación espacial de la población, privatización del espacio público, etc. Y el derecho a la ciudad ya no es sólo una reivindicación doctrinal, sino que va afirmándose en el Derecho positivo de algunos países,[8] que

---

proceso en el que se coordinan los aspectos espaciales, sectoriales y temporales de las áreas clave de la política urbana".

6 En español, puede consultarse Henri Lefebvre, *El derecho a la ciudad*, prólogo de Mario Gaviria, 4ª ed., Barcelona, Ediciones Península, 1978.

7 *Ibid.*, págs. 135-138 (la cursiva en el original).

8 En el plano internacional y en el contexto del impulso de una Carta Mundial por el Derecho a la Ciudad, puede verse Coalición Internacional para el Hábitat, *El derecho a la ciudad en el mundo. Compilación de documentos relevantes para el debate*, Ciudad de México, 2008.

inserta el derecho a disfrutar de una vivienda digna y adecuada en el más amplio derecho a disfrutar de un medio urbano asimismo adecuado. Porque la vivienda no es una isla, sino una pieza del puzle urbano que le da servicio y al que da sentido.

Primero en Francia, la Ley nº 91-662, de 13 de julio de 1991, *d'orientation pour la ville*, proclamó el "*droit a la ville*", para cuya efectividad los poderes públicos deben "asegurar a todos los habitantes de las ciudades las condiciones de vida y de hábitat que favorezcan la cohesión social" para lo cual afirmó a la política urbana como un elemento de la política de ordenación del territorio, declaró de interés nacional a la vivienda social y, entre otras cosas, instituyó por primera vez un estándar de vivienda social obligatorio para todos los ayuntamientos de las aglomeraciones de más de 200.000 habitantes. En Brasil, la Ley nº 10.257, de 10 de julio de 2001 o *Estatuto da Cidade*, proclama en su artículo 2.1 como directriz general de la política urbana "garantizar el derecho a contar con ciudades sustentables, entendido como el derecho a la tierra urbana, a la vivienda, al saneamiento ambiental, a la infraestructura urbana al transporte y a los servicios públicos, al trabajo y al esparcimiento, para las generaciones futuras".[9] En España, como veremos más ampliamente en el último epígrafe de este estudio, el Texto Refundido de la Ley de Suelo, aprobado por Real Decreto Legislativo 2/2008, de 20 de junio, también vincula el derecho a la vivienda con el de "acceder, en condiciones no discriminatorias y de accesibilidad universal, a la utilización de las dotaciones públicas y los equipamientos colectivos abiertos al uso público, de acuerdo con la legislación reguladora de la actividad de que se trate".[10] Y en Ecuador, a continuación del derecho al hábitat y la vivienda del artículo 30 antes citado, el artículo 31 de la Constitución de Montecristi proclama el derecho a la ciudad en estos términos:

---

[9] Cito por la traducción española incluida en Raquel Rolnik (coord.) *et al.*, *El estatuto de la ciudad. Nuevas herramientas para garantizar el derecho a la ciudad en Brasil*, Instituto Polis (www.polis.org.br).

[10] Sobre esta Ley, me permito remitir a mi estudio preliminar *Constitución, ley de suelo y ordenamiento territorial y urbanístico*, en Luciano Parejo y Gerardo R. Fernández, *Comentarios a la Ley de Suelo*, 2ª ed., Valencia, Tirant lo Blanch, 2014.

> Las personas tienen derecho al disfrute pleno de la ciudad y de sus espacios públicos, bajo los principios de sustentabilidad, justicia social, respeto a las diferentes culturas urbanas y equilibrio entre lo urbano y lo rural. El ejercicio del derecho a la ciudad se basa en la gestión democrática de ésta, en la función social y ambiental de la propiedad y de la ciudad, y en el ejercicio pleno de la ciudadanía.

Pues bien, esta concatenación entre derecho al medio ambiente, derecho a la ciudad y derecho a la vivienda reclama la necesaria coordinación entre políticas de vivienda y urbanismo[11] o, más genéricamente, entre políticas de vivienda y políticas urbanas y rurales (sobre todo las primeras en un país como España, donde cuatro de cada cinco habitantes viven en ciudades).[12] Es esto una consecuencia de la debida interpretación de la Constitución, sin duda, pero también un aprendizaje de los errores del pasado. En España y en otros países de nuestro entorno ya hemos comprobado que muchas soluciones de las políticas de vivienda de hace medio siglo son problemas de las políticas urbanas actuales: me refiero a las actuaciones de dotación, mejora y renovación urbana que hoy se tienen que impulsar sobre antiguas urbanizaciones para desarrollos masivos de vivienda protegida de entonces, degradados social y ambientalmente.[13]

---

11 El precedente del artículo 65 de la Constitución de Portugal, ya citado, es muy expresivo, ya que se ocupa conjuntamente de vivienda y urbanismo, y en su apartado 2º manda al Estado "programar y ejecutar una política de vivienda inserta en planes de ordenación general del territorio y apoyada en planes urbanísticos que garanticen la existencia de una red adecuada de transportes y de equipamiento social". En España, el artículo 47 de la Constitución se ocupa de vivienda y suelo conjuntamente, y su artículo 148.1.3ª integra en un mismo título competencial "ordenación del territorio, urbanismo y vivienda".

12 Sobre la base de la jurisprudencia constitucional en la materia, Juan-Cruz Alli concluye que "la ordenación del territorio, el urbanismo y la vivienda son subsistemas del sistema medio ambiental" ("Urbanismo y vivienda. La interrelación de las políticas de suelo y vivienda", *Revista de Derecho Urbanístico y Medio Ambiente*, nº 219, julio-agosto 2005, pág. 878).

13 La rehabilitación del barrio de La Mina de Barcelona o los estallidos de violencia de hace unos años en los *banlieues* del extrarradio de París son ejemplos paradigmáticos de lo expuesto. Sobre ellos, puede verse respectivamente Ramón López de Lucio (ed.), *Ordenar el territorio, proyectar la ciudad, rehabilitar los tejidos existentes*, Madrid, Ministerio de Vivienda, 2009, págs. 121 y ss., y Grégoire Allix, "L'utopie manquée des cités-dortoirs", *Le Monde*, 6 diciembre 2005

En tercer lugar, importa destacar que el objeto del derecho protegido por el artículo 47 de la Constitución española no es la vivienda como *bien de inversión*, sino como *bien de uso*, y más en particular para residencia habitual. El derecho tiene por objeto *una* y no más viviendas, pues la vivienda cuyo disfrute se protege es sólo la vivienda habitual, aquélla que constituye la primera residencia de la persona.

No es que una y otra sean incompatibles: una misma cosa (una "casa", si se me permite el juego de palabras) puede cumplir ambas funciones (inversión y uso) simultánea o sucesivamente. Pero sí tienen características diferenciales como bienes económicos y jurídicos y es necesario diferenciarlos. De lo contrario, uno corre el riesgo de sorprenderse por el hecho de que, durante el ciclo expansivo o *boom* inmobiliario ocurrido entre 1997 y 2007, la oferta de vivienda aumentara espectacularmente, mucho más que la población y que la creación de nuevos hogares y, sin embargo, los precios subieran de forma igualmente espectacular, mucho más que la renta disponible de los hogares. Y es que buena parte de esa oferta, por su tipología, por su localización y por su precio, estaba orientada a la demanda de inversión, turística o de segunda residencia. Mientras tanto, la oferta de vivienda protegida – que tiene su uso y su precio tasados para dirigirse derechamente a dar efectividad al derecho a disfrutar de una vivienda – no hacía otra cosa que disminuir durante aquel periodo y hasta hace pocos años.[14]

---

o Véronique Inserguet-Brisset, *La evolución del Derecho francés en materia de vivienda*, en Fernando López Ramón (coord.), *Construyendo el derecho a la vivienda*, Madrid, Marcial Pons, 2010, pág. 29, para quien "Los acontecimientos de invierno de 2005 han recordado a los poderes públicos la necesidad de subsanar los errores cometidos en la década de 1960 con las zonas de urbanización prioritaria. La satisfacción cuantitativa de las necesidades de vivienda no debe ocultar la necesidad de actuar sobre su medio ambiente dentro de una acción más global sobre la ciudad".

14 Entre 1996 y 2005, el número de viviendas libres terminadas en España aumentaba un 171,34 %, pese a que el número de hogares crecía un 25,80 % y la población lo hacía sólo un 12,70 %, según el INE. Y, sin embargo, el precio de la vivienda aumentó un 178,96 %, según el Banco de España, al tiempo que las viviendas protegidas terminadas descendían un 24,15 %, según datos del Ministerio de Vivienda.

Si la primera aproximación que hacíamos páginas atrás nos llevaba a afirmar que el bien protegido por el derecho que nos ocupa es la vivienda como hábitat y a incardinar este derecho dentro de la *Constitución ambiental*, esta segunda reflexión según la cual este bien protegido es un bien de uso y, más en particular, la vivienda habitual de la persona, nos lleva a emparentar este derecho con los otros de la *Constitución social*. En efecto, la vivienda habitual es un bien de primera necesidad de la persona, una condición ambiental para el desarrollo de la personalidad, la calidad de vida y el disfrute de otros derechos como el de la intimidad personal y familiar,[15] y su carencia bien puede ser considerada como una situación de necesidad y un factor de exclusión a los que debe subvenir la acción social del Estado.

Esta perspectiva social es la que adoptan mayoritariamente las declaraciones internacionales y supranacionales de derechos humanos: la Declaración Universal de Derechos Humanos de Naciones Unidas enuncia en su artículo 25 el derecho a la vivienda junto al derecho a la alimentación, el vestido, la asistencia sanitaria y los servicios sociales, concebidos todos ellos como elementos del derecho más general "a un nivel de vida adecuado".[16] Análogamente, el Pacto Internacional de Derechos Económicos, Sociales y Culturales proclama en su artículo 11 "el derecho de toda persona a un nivel de vida adecuado para sí y su familia, incluidos alimentación, vestido y vivienda adecuados". La Carta Social Europea, en su versión revisada de 1996, no sólo proclama un derecho autónomo a la vivienda en el apartado 31 de su Parte I y en su artículo 31, sino que además la considera como elemento del derecho de los minusválidos, las familias o las personas

---

15 Nuestro Tribunal Supremo ha constatado que la vivienda "constituye el espacio necesario para poder desarrollar derechos fundamentales como el de la intimidad personal y familiar y el de la dignidad de la persona" (STS de 27 de junio de 2006, F.J. 1º).

16 Etimológicamente, esta asociación entre la vivienda, el alimento y las demás necesidades de la vida tiene mucho sentido. El sustantivo español "vivienda" proviene del latín vulgar *vivenda*, "cosas en que o de que se ha de vivir", de donde se tomó el castellano "vianda" o el francés *viande*, que originalmente significaba también alimento, aunque hoy ha quedado reservado a la carne. Joan Corominas, *Breve diccionario etimológico de la lengua castellana*, 3ª ed., Madrid, Gredos, 1973, pág. 609.

mayores a la protección social (arts. 15, 16 y 23) y del derecho a la protección contra la pobreza y la exclusión social (art. 30). Y la Carta de los Derechos Fundamentales de la Unión Europea se ocupa de la vivienda en su Título IV, dedicado a consagrar los derechos al servicio del valor de la solidaridad, dentro del artículo 34 relativo a la seguridad social y ayuda social, cuyo apartado 3º afirma que "con el fin de combatir la exclusión social y la pobreza, la Unión reconoce y respeta el derecho a una ayuda social y a una ayuda de vivienda para garantizar una existencia digna a todos aquellos que no dispongan de recursos suficientes, según las modalidades establecidas por el Derecho de la Unión y por las legislaciones y prácticas nacionales".[17]

Y aunque la sistemática adoptada en el título primero de la Constitución española sea otra, pues hemos visto que inserta la vivienda dentro de su bloque ambiental, eso no significa que no participe también de esta perspectiva social, de forma incidental pero clara, cuando manda en su artículo 50 a los poderes públicos promover el bienestar de los ciudadanos de la tercera edad "mediante un sistema de servicios sociales que atenderán sus problemas específicos de salud, *vivienda*, cultura y ocio" (la cursiva es mía).

Y es que las dos aproximaciones – la ambiental y la social – guardan una estrecha relación y no son contradictorias, sino complementarias. Como ya se ha afirmado, la vivienda es el ámbito del hábitat de la persona destinado a su residencia habitual y, por tanto, el más sensible para su dignidad, aquél sobre el que proyecta más intensamente su personalidad y en el que se desarrolla su vida individual o familiar en intimidad. Su disfrute efectivo y pacífico es, pues, manifiestamente un factor de calidad de vida y de integración social.

---

[17] La Comisión Europea dedica un capítulo central al tema de la vivienda y la inclusión social en su Informe sobre la situación social en la Unión Europea en 2009, por el papel que el sector residencial ha jugado en la crisis económica, por el peso de los costes de la vivienda para las familias europeas y porque "access to good quality and affordable housing is a fundamental need and right, and a key factor determining people´s social situation". Comisión Europea, *The social situation in the European Union 2009*, Luxemburgo, Oficina de Publicaciones de la Unión Europea, 2010, pág. 99.

2. PRECISIÓN DEL CONCEPTO: ALOJAMIENTO Y VIVIENDA

La función de residencia o de alojamiento pueden cumplirla muy distintos tipos de bienes inmuebles. En efecto, las personas pueden alojarse en inmuebles distintos de las edificaciones (vehículos terrestres como las autocaravanas, embarcaciones fluviales o marítimas, tiendas de campaña, cuevas, iglús, etc.) y, cuando lo hacen en edificaciones, éstas pueden tener muy distintas tipologías: edificaciones de uso individual o familiar (edificios unifamiliares), edificaciones colectivas divididas en elementos privativos en régimen de propiedad horizontal (edificios plurifamiliares) o no (residencias de ancianos, internados de menores), o incluso las colectivas cuyo uso es mucho más amplio que el residencial pero que lo integra (instituciones penitenciarias, hospitales, hoteles, etc.).

El de vivienda es un concepto cultural. Y la acepción que de él maneja la Constitución española debemos entender que no incluye cualquier forma de alojamiento: la vivienda, en nuestra cultura y en nuestro ordenamiento jurídico, es necesariamente un uso de la edificación,[18] lo que desde luego no quita para que, en contextos diversos, otras formas diferentes de alojamiento o habitación también puedan considerarse una vivienda digna y adecuada.

Luego el español es un concepto compuesto de un elemento funcional (uso residencial permanente o habitual) y otro físico u objetivo (edificación). Inspirándonos en la Ley catalana del Derecho a la Vivienda, podríamos definir la vivienda como una edificación o un departamento independiente de la misma, junto con los espacios y servicios comunes del inmueble en el que está situada y los anexos vinculados a él, en su caso, de forma que el conjunto aporte a las

[18] Esta concepción de la vivienda como uso de la edificación está muy consolidada en nuestra legislación: se encuentra claramente tanto en los artículos 2 de la Ley 8/2004, de 20 de octubre, de Vivienda de la Comunidad Valenciana, 3a) de la Ley catalana 18/2007, de 28 de diciembre, del Derecho a la Vivienda, 5 de la Ley 18/2008, de 29 de diciembre, de Vivienda de Galicia, y 3.1 de la Ley 9/2010, de 30 de agosto, del Derecho a la Vivienda en la Comunidad de Castilla y León, como también en el artículo 2.1 de la Ley 29/1994, de 24 de noviembre, de Arrendamientos Urbanos.

personas que residan en él el espacio, las instalaciones y demás medios materiales necesarios para satisfacer sus necesidades personales ordinarias de habitación habitual o permanente.

De acuerdo con esta acepción, todo edificio o elemento del mismo funcionalmente autónomo y apropiado para ser habitado por una o más personas puede ser considerado vivienda a los efectos jurídico-constitucionales que nos ocupan, también las residencias o alojamientos colectivos en edificios con servicios comunes (siempre y cuando éste sea su destino principal y no meramente accesorio de la prestación de otros servicios no residenciales).[19] No es esto pacífico, pero sí en mi opinión acertado, ya que el carácter personal, familiar o colectivo puede predicarse del uso, no del espacio y, además, todos ellos son formas posibles de habitación o residencia. Otra cosa es que no todo espacio sea apto o idóneo para cualquier intensidad de uso y por eso la normativa de habitabilidad establezca un mínimo de superficie, un máximo de habitantes por vivienda y/o ratios entre la una y los otros. Pero eso ya no forma parte de la noción sustantiva de "vivienda", sino más bien de su adjetivación como "digna y adecuada", de la que nos ocuparemos en el apartado siguiente de este estudio. Lo que aquí importa es que nada impide denominar vivienda al alojamiento de un grupo de personas, aunque no les una un vínculo familiar, como ocurre habitualmente entre los jóvenes que comparten piso y puede afirmarse respecto de cualquier otra forma de convivencia.

---

[19] El nuevo Estatuto de Autonomía de Castilla y León, que se ocupa del acceso a la "vivienda" en su artículo 16, recoge sin embargo entre los derechos de las personas mayores de su artículo 13.5 el acceso a un "alojamiento" adecuado. Dado que no cabe interpretar que las personas mayores son de peor derecho que las restantes ni que el Estatuto las excluye del acceso a la vivienda, debemos entender que utiliza este término en el sentido amplio aquí defendido, inclusivo que cualquier forma de alojamiento digno y adecuado. Y la Ley reguladora del Derecho a la Vivienda en Andalucía regula su disfrute no sólo en forma de vivienda libre o protegida, sino también en forma de "alojamientos transitorios" que pueden consistir en edificaciones intermedias entre la vivienda habitual y la residencia colectiva, como se verá en el apartado 2 de este trabajo.

3. LOS REQUISITOS DE DIGNIDAD Y ADECUACIÓN DE LA VIVIENDA

El último elemento del objeto del derecho que es necesario dilucidar ya no tiene carácter sustantivo, sino adjetivo, pero es asimismo importante: no tenemos derecho a disfrutar que una vivienda cualquiera, sino justamente de una vivienda "digna y adecuada", según la dicción de las Constituciones española y ecuatoriana. Estos dos adjetivos no son gratuitos ni redundantes entre sí.

La dignidad es un concepto abstracto, mientras que la adecuación es una característica relativa. Todas las personas somos igualmente dignas y por ello los requisitos de dignidad de una vivienda pueden asimismo establecerse de forma general: una vivienda es digna cuando tiene la superficie, las condiciones ambientales (calidades, aislamiento térmico y sonoro, etc.) y las instalaciones y los servicios mínimos (electricidad, agua, etc.) que la hacen apta o idónea para cumplir su función residencial.[20] Sin embargo, una vivienda sólo es adecuada cuando se adapta a las necesidades concretas de la persona, familia o grupo que la habita. Y así, por ejemplo, si se trata de personas dependientes o con movilidad reducida deberá estar adaptada, del mismo modo que si debe albergar a una familia numerosa, deberá tener una superficie superior, etc. La adecuación de la vivienda requiere su adaptación a las necesidades de las personas, que son diversas entre ellas y cambiantes a lo largo de su vida individual y familiar.

Es este criterio de la adecuación de la vivienda el que nos permite introducir, a mi juicio, el carácter privativo del uso, antes rechazado para la definición general. Cuando la vivienda vaya a albergar a un individuo o una familia, su adecuación requiere que sus usuarios puedan ejercer en ella su derecho fundamental a "la intimidad personal y familiar" (art. 18 CE) y, en consecuencia, la vivienda deberá constituir

---

[20] Esto no quita para que la dignidad de la vivienda sea un concepto cultural, que puede variar histórica o geográficamente entre sociedades. Según sean sus costumbres y grado de desarrollo, las sociedades pueden requerir distintas superficies, calidades o instalaciones y servicios a una vivienda para considerarla digna. En palabras de nuestro Tribunal Supremo, "el concepto de vivienda «digna y adecuada» hay que ponerlo en relación con la situación general de un país y con los medios económicos y financieros disponibles" (STS de 17 de julio de 1990, F.J. 4º).

un edificio o un elemento privativo del mismo, en condiciones físicas de separación y aislamiento capaces de permitir dicha intimidad. Por ello mismo, las prestaciones residenciales en forma de alojamientos colectivos – salvo excepciones en las que la colectividad sea voluntaria y adecuada a los requerimientos vitales especiales de las personas alojadas, como puede ocurrir con residencias de estudiantes o de ancianos, por ejemplo – deberán reservarse para situaciones de necesidad y, por tanto, ser meramente transitorias para dar satisfacción al derecho que nos ocupa.[21] Porque con ellas no se está tanto dando satisfacción cabal a su derecho a una vivienda digna y adecuada ex art. 47 CE, sino más bien subviniendo a una situación de necesidad *ex* art. 41 CE.

Este último apunte nos devuelve a la dimensión social del derecho de la vivienda del art. 47 CE y su relación con el derecho a la protección social (o la seguridad social en su sentido *beveridgeano*, amplio y sistemático) del art. 41 CE. Todas las personas tienen derecho a una vivienda digna y adecuada, pero no todas se encuentran obviamente en la misma situación de hecho ni de derecho, ni tienen la misma necesidad y urgencia de la actividad prestacional de la Administración para la efectividad de su disfrute.

Existen personas sin hogar por carecer de medios para procurárselo en el mercado o por padecer algún trastorno psíquico o estado transitorio de exclusión residencial (por ejemplo, víctimas de la violencia de género o doméstica obligadas a abandonar el hogar familiar), jóvenes con pocos ingresos que no pueden emanciparse aun mucho después de la mayoría de edad, ancianos que requieren una vivienda adaptada y/o servicios personalizados para atender una situación de dependencia o una enfermedad crónica, por ejemplo. En estos casos, existe una situación de necesidad que requiere la asistencia y prestaciones sociales del régimen público a que se refiere el artículo 41 CE.

Es común que estas prestaciones no formen parte del ramo administrativo de los servicios de vivienda, sino del de la asistencia social o los servicios sociales, al menos de forma transitoria o

---

[21] Por ejemplo, la escolarización en internados, el tratamiento sanitario hospitalizado, las residencias sociales, etc.

temporal para superar la situación de necesidad aludida. Y también es lógico, ya que en muchos casos la prestación no puede ni debe limitarse al elemento residencial, sino incluir servicios de carácter socio-sanitario. Ahora bien, respecto de determinadas necesidades básicas de la persona, la Constitución española no se conforma con esta acción administrativa de carácter incidental o paliativo, sino que establece auténticos derechos de prestación y sus correlativos mandatos de servicio público: así ocurre con la educación (art. 27), la salud (art. 43) o la vivienda (art. 47).

4. EL CONTENIDO DEL DERECHO: EL DISFRUTE DE LA VIVIENDA. DIFERENCIACIÓN DEL DERECHO DE PROPIEDAD SOBRE LA VIVIENDA

De lo ya expuesto se sigue que el bien constitucionalmente protegido en el derecho del artículo 47 CE es una fruición personal (uso y disfrute de una vivienda por la persona), no un tráfico patrimonial (facultad de adquirir, de disfrutar en la acepción iuscivilista del término y de enajenar una vivienda). Dicho en otros términos, el significado de "disfrutar" en el artículo 47 de la Constitución española es similar al que tiene en su artículo 45: significa "gozar" del uso, no "explotar" económicamente para percibir frutos o rentas de la cosa.[22] De ello se coligen, a su vez, dos consecuencias.

La primera es que el derecho se configura constitucionalmente *prima facie* como un derecho típico de prestación y no como un derecho de libertad, a diferencia de cuanto ocurre con el derecho de propiedad del artículo 33 CE. Así se constata en el segundo inciso del artículo 47, según el cual "los poderes públicos promoverán las condiciones necesarias y establecerán las normas pertinentes para hacer efectivo este derecho". Eso no significa que no tenga también – como se verá en el apartado siguiente – una dimensión de libertad, consistente en el derecho a no ser inquietado en el disfrute pacífico de una vivienda digna y adecuada.

---

[22] Decimos que el significado es análogo, pero no idéntico, porque el disfrute de la vivienda debe contener la facultad de su uso privativo, para poder gozar asimismo de la intimidad personal y familiar, mientras que el disfrute del medio ambiente *exterior* no tiene dicho carácter y puede obtenerse con el uso común de los bienes y recursos ambientales.

La segunda consecuencia es que la efectividad de este derecho no consiste necesariamente en adquirir la propiedad de la vivienda habitual ni ningún otro derecho real o personal sobre la cosa, sino en su disfrute real por cualquier título jurídico, entre los cuales la propiedad es sólo una opción. Expresado en términos más sencillos: el disfrute de la vivienda a que se refiere la Constitución no requiere su propiedad, sino su posesión pacífica por cualquier título que garantice su uso privativo.

El contraste con el Derecho constitucional italiano es concluyente sobre este matiz, porque la Constitución italiana no proclama el derecho a disfrutar de una vivienda, pero sí manda en su artículo 47 favorecer el acceso al ahorro popular para la propiedad de la vivienda. Sobre esta base, la doctrina italiana diferencia entre "propiedad de la vivienda", "derecho a la vivienda" y "propiedad (iuscivilista) de la casa", partición según la cual el artículo 47 de su Constitución se ocuparía del primero de ellos,[23] a lo que podemos añadir nosotros que el artículo 47 de la Constitución española se ocupa del segundo. Como también la Constitución portuguesa de 1976 en su artículo 65, cuyo apartado 2º se cuida de precisar que el acceso que debe estimular el Estado puede ser "a la vivienda propia o arrendada".

La doctrina del Tribunal Constitucional español confirma esta opinión cuando afirma que el artículo 47 de la Constitución protege a

[23] Véase Domenico Sorace, "A proposito di «proprietà dell'abitazione», «diritto d'abitazione», e «proprietà (civilistica) della casa»", *Rivista Trimestrale di Diritto e Procedura Civile*, 1977, la Sentencia de la Corte Costituzionale de 15 de julio de 1983, nº 252 (F.J. 11º) y, en español, Stefano Civitarese Matteucci y Gianluca Gardini, *El derecho a la vivienda y la igualdad sustancial: de la construcción económica y popular a los programas de rehabilitación urbana*, en Juli Ponce (coord.), *Derecho urbanístico, vivienda y cohesión social y territorial,* Madrid, Marcial Pons, 2006, págs. 201-204, y Stefano Civitarese Mateucci, *La política de vivienda en Italia*, en Fernando López Ramón, *Construyendo el derecho a la vivienda*, *op. cit.*, págs. 91-97. Es cierto que la jurisprudencia de la Corte Costituzionale posterior a la Sentencia citada de 1983 ha evolucionado hasta afirmar también "un derecho social a la vivienda colocable entre los derechos inviolables del hombre del artículo 2 de la Constitución", pero lo hace no tanto a partir del artículo 47 cuanto de las declaraciones internacionales de derechos humanos (vid. Sentencia de 24 marzo-7 abril 1988, nº 404, FJ 3º y 4º).

los arrendatarios de vivienda y justifica la delimitación del derecho de propiedad del arrendador en que consiste el deber de soportar la prórroga forzosa del contrato de arrendamiento, pese a la merma de utilidad económica que reporta a su derecho, por entender que forma parte de su función social (STC 89/1994, de 17 de marzo, F.J. 5º).[24] Luego el derecho a la vivienda no sólo es diverso del derecho de propiedad sobre la vivienda, sino que también lo limita cuando concurren con titulares distintos sobre un mismo bien.

Además, la opción de los poderes públicos de promover la plena propiedad de la vivienda habitual no es necesariamente la idónea en términos constitucionales en España. ¿Por qué?

Como se ha visto, los poderes públicos están constitucionalmente obligados a promover las condiciones necesarias para hacer efectivo este derecho. Obviamente, estas condiciones requieren una acción positiva de los poderes públicos, ya sea de mera iniciativa económica (como la actividad promotora que desarrollan las empresas públicas de vivienda y suelo), ya sea prestacional (parque público de vivienda social), ya sea de fomento (ayudas directas, incentivos fiscales), para facilitar el disfrute efectivo de una vivienda a quienes no pueden acceder a ella en condiciones de mercado por su escasa capacidad económica. Esta acción positiva, sea cual sea la opción elegida, tiene un coste. Y eso obliga a considerar también el artículo 31 de la Constitución, que exige a los poderes públicos eficiencia en el gasto público.

Eficiencia significa eficacia con minimización de recursos empleados. En este caso, pues, los poderes públicos están constitucionalmente conminados a promover el disfrute de una vivienda digna y adecuada del máximo número de personas necesitadas de ello con el mínimo consumo de recursos financieros y materiales.

---

24 En Francia, donde veremos más adelante que la Constitución no proclama el derecho a la vivienda pero el Consejo Constitucional ha establecido que la posibilidad de disfrutar de un alojamiento adecuado es un objetivo de valor constitucional, también ha dejado sentado que el interés general de dicho objetivo puede limitar lícitamente el contenido del derecho de propiedad. Sobre la base de este fundamento, en la Decisión nº 2000-436, de 7 de diciembre de 2000, considerando 18º, confirma por ejemplo la constitucionalidad de la reserva para viviendas orientadas a la *mixité sociale* establecida en la Ley sobre Solidaridad y Renovación Urbanas.

La propiedad es el derecho patrimonial más cabal: por su duración indefinida y por su contenido potencialmente ilimitado (derecho a usar, disfrutar y disponer de la cosa) aunque legalmente delimitable por la función social que cumpla su objeto. En consecuencia, su adquisición es *a priori* la más cara. Así pues, si el parque público de suelo o de vivienda se enajena en plena propiedad, no cabe ya su rotación a favor de futuros beneficiarios, mermando su eficacia en el largo plazo; y en el caso de las ayudas económicas, sean subvenciones o beneficios fiscales, para ser eficaces en su objeto de remover los obstáculos que impidan o dificulten el acceso a la vivienda, serán en principio más costosas – *coeteris paribus* – si se dirigen al acceso en plena propiedad.

La eficiencia en la promoción del disfrute universal y efectivo de una vivienda apela, en consecuencia, a arbitrar títulos jurídicos limitados tanto en la duración como en el contenido del derecho, de manera que puedan ceñirse en lo posible a la duración del estado de necesidad de la persona y a las facultades de uso y disfrute precisas para la satisfacción del bien constitucionalmente protegido. Ya sean derechos de carácter personal o real, tales como el arrendamiento[25] o el derecho de superficie,[26] respectivamente, que tienen mucho más arraigo en otros países europeos que en España.[27]

---

25 Aunque tradicionalmente obviado por nuestra legislación en materia de vivienda, el alquiler ya cobra en ella un protagonismo creciente. El nuevo Estatuto de Autonomía de Aragón de 2007 manda en su artículo 27 a los poderes públicos de la Comunidad promover el derecho a una vivienda digna, "facilitando el acceso a ésta en régimen de propiedad o alquiler". La Ley 18/2008, de 29 de diciembre, de Vivienda de Galicia sitúa entre los principios que regirán el diseño, programación y ejecución de la política de vivienda "el fomento del alquiler como modalidad de acceso a la vivienda". Y la Ley 9/2010, de 30 de agosto, del Derecho a la Vivienda en la Comunidad de Castilla y León consagra un entero título de su estructura al fomento del alquiler.

26 El derecho de superficie ha tenido tradicionalmente escasa utilización en España y su regulación se centraba en el que tenía por objeto el suelo. El Texto Refundido de la Ley de Suelo (aprobado por Real Decreto Legislativo 2/2008, de 20 de junio) ya lo concibe en su artículo 10 como una forma de acceso a la vivienda y regula tal objeto entre los que puede tener el derecho en su artículo 40.

27 En Europa la vivienda social se oferta principalmente en alquiler. En Francia, por ejemplo, aunque también existen ayudas públicas para la adquisición de

Como conclusión, puede afirmarse que la acción de los poderes públicos para promover el disfrute de una vivienda es menos eficiente si se emplea en promover la plena propiedad de la vivienda. Porque la propiedad es un derecho de duración indefinida que incluye facultades patrimoniales que exceden del disfrute a que se refiere el derecho constitucional a la vivienda. Otra cosa sería que existieran razones diferentes a las del estricto mandato del artículo 47 CE para preferir esta opción: por ejemplo, razones de estructura económica como una escasa socialización de la propiedad que desincentivase el ahorro. Pero no es ese hoy el caso de España, que es uno de los países de la OCDE donde mayor es el porcentaje de propietarios de vivienda sobre otras formas de disfrute,[28] lo que plantea más bien otros problemas, como son la erección de una auténtica barrera a la movilidad geográfica y laboral de la población y a la emancipación de los jóvenes, o el riesgo de sobreendeudamiento de un buen número de familias.

Lo expuesto no significa, claro está, que la propiedad de la vivienda no reciba tutela constitucional: la propiedad, cualquiera que sea su objeto, es un derecho constitucional (en España, protegido por el artículo 33 CE). Y la que tiene por objeto una vivienda habitual es, sin duda, una forma de disfrute de entre las tuteladas por el artículo 47 CE.

---

vivienda, todas las viviendas sociales están en régimen de alquiler y suponían en 2002 un 17,3 % del total de los hogares. Sólo en Île-de France hay más de un millón. Vid. Jean Claude Driant, *La política de vivienda en París*, en Jesús Leal Maldonado (coord.), *La política de vivienda en las grandes ciudades europeas*, Ayuntamiento de Madrid, 2007, págs. 57-95. Del mismo coordinador y serie editorial, puede verse también *Las políticas de vivienda en alquiler en las grandes ciudades europeas,* 2008. Algo similar se puede afirmar de los países escandinavos (con la excepción de Suecia, donde no hay vivienda social en alquiler pero sí un importante parque municipal de vivienda en alquiler, que alcanza el 23% del stock de viviendas). Vid. Martti Lujanen (ed.), *Vivienda y política de vivienda en los países nórdicos*, Nordic Council of Ministers / Ministerio de Vivienda, 2005. Sobre la utilización del derecho de superficie en otros países desarrollados, sobre todo entre los nórdicos y anglosajones, Vid. Steven C. Bourassa y Yu-Hung Hong (eds.), *Leasing public land. Policy debates and international experiences*, Canadá, Lincoln Institute of Land Policy, 2003.

28 Según el *Censo de Población y Viviendas 2001* del INE, sólo el 10,85 % de viviendas principales están ocupadas en alquiler.

5. LAS RELACIONES CON OTROS DERECHOS CONEXOS, DESDE UNA INTERPRETACIÓN SISTEMÁTICA

La consideración de la vivienda como bien de uso – como *hábitat* – y no como bien de inversión tiene varias consecuencias para la necesaria interpretación finalista y sistemática del precepto: la primera, la de su necesaria separación lógica del derecho de propiedad, como ha quedado expuesto, y la segunda la de su vinculación con el derecho a la intimidad e inviolabilidad del domicilio, también apuntada más atrás. Como ya ha tenido ocasión de afirmar el Tribunal Supremo español en su Sentencia de 27 de junio de 2006, la vivienda "constituye el espacio necesario para poder desarrollar derechos fundamentales como el de la intimidad personal y familiar y el de la dignidad de la persona". En efecto, los derechos de la persona no suelen consistir exclusivamente en situaciones de libertad, de participación o de prestación, sino más bien componer una combinación entre ellas,[29] y las situaciones jurídicas de libertad más íntimamente conectadas con el derecho a la vivienda no serían tanto la de la propiedad como las de la inviolabilidad del domicilio y la libre elección de residencia reguladas consecutivamente en los artículos 18 y 19 de la Constitución española.

Los españoles tienen reconocido el derecho fundamental "a elegir libremente su residencia" y, allí donde fijen ésta, "el domicilio es inviolable". Una vez hemos dejado sentado que el derecho a disfrutar de una vivienda digna y adecuada se refiere exclusivamente a la vivienda donde se reside habitualmente, mientras que las libertades que nos ocupan de los artículos 18 y 19 CE incluyen todo el hecho residencial, ya sea habitual o eventual, la vinculación entre estos tres preceptos es evidente. El derecho a disfrutar de una vivienda es un derecho de prestación que tiene su correlato en dos libertades públicas:

29 Esta clasificación "opera, en realidad, más con tipos ideales o históricos que con especies concretas actuales perfectamente separables. Las técnicas respectivas que singularizan a unos y otros tipos (…) se han intercambiado, en realidad, y hoy resulta difícil separar netamente dentro de los derechos fundamentales proclamados por la Constitución, los que responden a una sola y exclusiva de esas técnicas". Eduardo García de Enterría, "La significación de las libertades públicas para el Derecho administrativo", *Anuario de Derechos Humanos*, nº 1, 1981, págs. 117 y 118.

en el momento lógico originario del acceso a la vivienda, lo tiene en la libre elección de residencia, y en el momento lógico sucesivo del mantenimiento en el disfrute de la vivienda, lo tiene también en la inviolabilidad del domicilio.

La libre elección de residencia es el derecho fundamental de los ciudadanos para elegir el lugar del territorio donde fijar su residencia. Esta libertad será tanto más efectiva cuanto más eficaces e igualitarias sean las políticas al servicio del acceso a la vivienda. Estas políticas, a su vez, deberán configurarse de tal modo que no infrinjan, ni restrinjan de forma arbitraria o desproporcionada, la libre elección de residencia de los ciudadanos.[30]

Como tiene establecido el Tribunal Constitucional español, "la diversidad de situaciones jurídicas derivadas de las regulaciones y normas vigentes en las diferentes zonas del territorio nacional (sean estas normas de origen estatal, autonómico o local) no puede considerarse vulneración de la libertad de residencia, *en tanto no impidan que el ciudadano opte por mantener su residencia en donde ya la tenga, o por trasladarla a un lugar distinto*, lo que constituye el presupuesto jurídico necesario del trato diferente entre diversas regiones" (STC 90/1989, de 11 de mayo, F.J. 5º, la cursiva es mía). Es decir, la diversidad regulatoria territorial no supone, en sí misma o de forma general, una infracción de la igualdad ni de la libertad de residencia, mientras no impida el ejercicio de ésta. Este último inciso parece formulado como una mera prevención incidental, pero podría llegar a tener aplicación en materia de vivienda.

El objeto de la libertad de elección de residencia, por lo demás, es más indeterminado que el de la inviolabilidad del domicilio o el derecho a la vivienda: porque su contenido esencial e indisponible por el legislador sólo incluye la selección del área o zona, urbana o rural, en la que residir, pero no la concreta vivienda o espacio físico en que fijar su domicilio.[31] Eso no quiere decir que las personas no

---

30 Cuestión ésta que anima el debate sobre la posibilidad, comúnmente utilizada por las Administraciones territoriales, de otorgar preferencia para la adjudicación de viviendas públicas o protegidas a los residentes en el barrio o sus familiares, o de excluir de ella a los no residentes o a los de poca antigüedad.

31 Al igual que ocurre con el concreto itinerario de desplazamiento en la libertad de circulación contenida en el mismo artículo 19 CE.

puedan elegir libremente en qué parcela y vivienda habitan, sino que tal libertad puede ser ampliamente modulada por el legislador en confrontación con otros derechos (por ejemplo, la propiedad) e intereses (por ejemplo, los intereses generales de la cohesión social en la política de vivienda o la eficacia en la gestión urbanística por expropiación o reparcelación forzosa).[32]

Por su parte, la inviolabilidad del domicilio y el derecho a disfrutar de una vivienda sí pueden concebirse como dos facetas o dos elementos de un mismo derecho, dentro del ámbito material en el que coinciden, que es el de la residencia habitual de las personas físicas.[33]

En el Derecho constitucional alemán se encuentran ejemplos en los que el derecho a una vivienda (*Wohnung*) o habitación (*Wohnraum*) adecuadas se complementa en el mismo precepto con la proclamación de su inviolabilidad, como ocurre con los artículos 106 de la Constitución del Estado de Baviera de 2 de diciembre de 1946, 14 de la Constitución de la Ciudad Hanseática Libre de Bremen de 21 de octubre de 1947 y 28 de la Constitución de la Ciudad-Estado de Berlín de 23 de noviembre de 1995. También el ejemplo de Brasil es expresivo, ya que su Constitución de 1988 proclama la inviolabilidad no ya del domicilio, sino de la casa en su artículo 5.11: "*A casa é asilo inviolábel do individuo*".

En dicho ámbito, el objeto del derecho a la vivienda y de la inviolabilidad del domicilio coincide, aunque algunas Constituciones diferencien ambos derechos: se trata en ambos del disfrute de un

32 El Tribunal Constitucional ha dejado sentado que la libre elección de domicilio sólo forma parte del contenido eventual o disponible de la libertad de residencia proclamada en el artículo 19 CE, en términos que permiten sostener la opinión defendida en el cuerpo de este trabajo: "No hay dificultad alguna en entender que la libertad de residencia *no tiene por qué limitarse* al derecho a fijar la propia residencia en un determinado espacio de amplitud mayor al del domicilio (localidad, villa o pueblo). La libertad de residencia *puede legítimamente extenderse* a concreciones mucho más específicas, sin excluir siquiera el derecho a fijar la residencia en una vivienda concreta y determinada, *siempre* desde luego, y eso sí, *que* con ello no se vean afectados otros derechos subjetivos." (STC 28/1999, de 8 de marzo, F.J. 7º, la cursiva es mía).

33 Las personas jurídicas son también titulares del derecho a la inviolabilidad del domicilio. Por todas, STC 137/1985, de 17 de octubre.

espacio físico reservado, digno y adecuado a las necesidades de cada persona, en el que desarrollar libremente su personalidad y ejercer la intimidad de la vida personal y/o familiar,[34] mientras que su contenido se complementa, por consistir el primero en una libertad en ese disfrute y el segundo en una prestación para poder acceder y mantenerse en él.

Esta coincidencia en el objeto de los dos derechos requiere una matización. El "domicilio" de las personas físicas puede ser cualquier "ámbito espacial determinado" que sea apto para desarrollar vida privada en él y en el que se alojen,[35] ya sea de forma habitual, temporal, eventual o incluso accidental.[36] Mientras que una vivienda digna y adecuada no es cualquier espacio físico sino – según la concepción ya expuesta más atrás – una edificación o un departamento independiente de la misma, junto con los espacios y servicios comunes del inmueble en el que está situada y los anexos vinculados a él, en su caso, de forma que el conjunto aporte a las personas que residan en él el espacio, las instalaciones y demás medios materiales necesarios para satisfacer sus necesidades personales ordinarias de habitación habitual o permanente.

Quiere esto decir que el domicilio de una persona no es *necesariamente* una vivienda digna y adecuada. Como ya se ha dicho,

---

34 La Constitución de Portugal es explícita a este respecto, porque cuando cualifica la vivienda a la que todos tienen derecho según su artículo 65, exige "que preserve la intimidad personal y la privacidad familiar".

35 En este sentido, por todas, STC 189/2004, 2 de noviembre, F.J. 2º.

36 El concepto constitucional de domicilio tiene "mayor amplitud que el concepto jurídico privado o jurídico-administrativo" (SSTC 22/1984, de 17 de febrero, F.J. 2º; 94/1999, de 31 de mayo, F.J. 5º), y no "admite concepciones reduccionistas [... como las] que lo equiparan al concepto jurídico-penal de morada habitual o habitación" (STC 94/1999, de 31 de mayo, F.J. 5º). El Alto Tribunal también ha afirmado "la irrelevancia a efectos constitucionales de la intensidad, periodicidad o habitualidad del uso privado del espacio si, a partir de otros datos como su situación, destino natural, configuración física, u objetos en él hallados, puede inferirse el efectivo desarrollo de vida privada en el mismo (STC 94/1999, de 31 de mayo, F.J. 5º; en sentido similar sobre la irrelevancia de la falta de periodicidad, STEDH 24 de noviembre de 1986, caso Guillow c. Reino Unido)", de modo que, por ejemplo, "las habitaciones de los hoteles pueden constituir domicilio de sus huéspedes" (STC 10/2002, de 17 de enero, FF.JJ. 6º y 7º).

existen otras formas de habitación, residencia o alojamiento distintos de la vivienda. Pero sí lo es *normalmente* en nuestra cultura, de ahí el mandato que la Constitución dirige a los poderes públicos para que promuevan la efectividad del disfrute de una vivienda así cualificada: por su dignidad y su adecuación a la persona que la habita.

La eficacia jurídica más consolidada del derecho constitucional a la inviolabilidad del domicilio (reserva de ley orgánica para su desarrollo, procedimiento preferente y sumario ante la jurisdicción ordinaria, acceso al recurso de amparo ante el Tribunal Constitucional, etc.) obedece en parte a su contenido, al consistir en un derecho de libertad, cuya eficacia requiere primariamente un deber general de abstención[37] y es, por tanto, más fácil de garantizar jurídicamente. Y en parte también a su genealogía, ya que es un derecho humano de los de primera generación alumbrados en el siglo XIX bajo el paradigma del Estado liberal de Derecho, mientras que el derecho a la vivienda es un derecho de tercera generación alumbrado mucho más tardíamente, ya en la segunda mitad del siglo XX y como producto típico de la cláusula de Estado social, cuya eficacia requiere una prestación efectiva y, por tanto, la administración de medios humanos, materiales y/o financieros limitados.

Pero incluso estas diferencias no son absolutas, sino relativas o de grado.[38] La efectividad de las libertades civiles y políticas

---

[37] En palabras del Tribunal Constitucional, "el contenido del derecho es fundamentalmente negativo: lo que se garantiza, ante todo, es la facultad del titular de excluir a otros de ese ámbito espacial reservado" (STC 22/2003, de 10 de febrero, FJ 4º), en el bien entendido de que el objeto de protección "no es sólo un espacio físico, en sí mismo considerado, sino lo que hay en él de emanación de una persona y de su esfera privada" (por todas, STC 22/1984, de 17 de febrero, F.J. 5º) y que su contenido impide no sólo la penetración física en ese espacio, sino también "cualquier tipo de invasión o agresión exterior de otras personas o de la autoridad pública, incluidas las que puedan realizarse ... por medio de aparatos mecánicos, electrónicos u otros análogos" (STC 22/2003, de 10 de febrero, F.J. 3º).

[38] En las certeras palabras de Luigi Ferrajoli, "la diferencia entre el carácter de expectativas negativas de los derechos de libertad clásicos y aquél de expectativas positivas de los derechos sociales es sólo de grado, dado que tanto unos como otros incluyen expectativas de ambos tipos" (*Prólogo* a Víctor Abramovich y Christian Courtis, *Los derechos sociales como derechos exigibles*, 2ª ed., Madrid, Trotta, 2004, pág. 10; en el mismo sentido, los autores en págs. 21 y

requiere principalmente una abstención del Estado, sí, pero también una acción positiva, en forma de erogación de servicios públicos (en sentido amplio) que también tienen un coste presupuestario, como los servicios de policía de orden público, los registros (registro civil, de penados y rebeldes, de la propiedad, mercantil, de patentes y marcas) o la administración de justicia. Y el respeto al derecho a la vivienda, como a cualquier otro derecho económico, social o cultural, exige asimismo deberes de abstención del Estado. Así, por ejemplo, el deber de abstenerse de desalojar o inquietar a nadie en el disfrute de su vivienda habitual si no es por causa de interés general proporcionada a tal acción y respetando su derecho al realojo en los términos que se determinen legalmente. Como afirma la doctrina más progresiva en materia de derechos sociales, todos los derechos constitucionales – ya sean de libertad, de participación o de prestación – imponen a los poderes públicos deberes de respeto, de protección y de satisfacción (o de garantía y de promoción), si bien en distinto grado.[39]

Como consecuencia de todo lo expuesto, podemos afirmar que ese distinto tratamiento jurídico de los artículos 18 y 47 CE no puede interpretarse como una suerte de jerarquía o preeminencia de un derecho sobre otro, ni menos aún como una barrera infranqueable entre uno y otro. Como ya he defendido en otros lugares, no está más cerca del valor de la dignidad de la persona la inviolabilidad del domicilio que el disfrute de una vivienda digna y adecuada.[40] Y, en consecuencia,

---

ss. y Santiago Muñoz Machado, *Tratado de Derecho administrativo y Derecho público general,* Tomo I, 2ª ed., Madrid, Iustel, 2006, pág. 1041).

39 Abramovich y Courtis, *op. cit.*, págs. 27-31.

40 Hasta el punto de que, como ha apuntado Lorenzo Martín-Retortillo, “para garantizar la inviolabilidad del domicilio (…) es obvio que hay que comenzar por asegurar la vivienda donde radique el domicilio”. Lorenzo Martín-Retortillo, *Prólogo* a Miguel Beltrán de Felipe, *La intervención administrativa en la vivienda: aspectos competenciales, de policía y de financiación de las viviendas de protección oficial*, Valladolid, Lex Nova, 2000, pág. 19. En el mismo sentido, Gerardo Pisarello, para quien “una vez el principio de dignidad se postula como fundamento de los derechos de la persona, la interdependencia e indivisibilidad entre los derechos civiles, políticos, sociales y culturales resulta obligada. Sin derechos sociales básicos, los civiles personalísimos corren el riesgo de verse vaciados en su contenido” (*Los derechos sociales y sus garantías. Elementos para una reconstrucción*, Madrid, Trotta, 2007, pág. 40).

no podemos seguir leyendo la Constitución social con los anteojos del jurista liberal,[41] sino que estamos obligados a todo lo contrario, es decir, a leer los derechos de cuna liberal a la luz de la cláusula del Estado social, que hoy tiene ya rango constitucional tanto en su misma formulación (art. 1.1, CE) como en su principal destilación, que es la misión promocional de los poderes públicos para remover las barreras y promover la efectividad de la igualdad y la libertad (art. 9.2, CE).

Expresado en otros términos: la Constitución española diferencia entre distintos conjuntos de derechos a los efectos de distinguir sus técnicas de garantía, no de establecer un orden de prelación general y necesario entre ellos. Si no fuera así, plantearía una aporía difícilmente resoluble la interpretación del artículo 25 de la Constitución, por ejemplo, cuyo apartado 2º integra dentro de un derecho fundamental de la Sección 1ª del Capítulo II los beneficios de la Seguridad Social correspondientes a un trabajo remunerado o el acceso a la cultura, en ambos casos cuando se trata de los condenados a penas de prisión. Porque estas prestaciones adquieren un alcance singular para este colectivo, hasta el punto de que el constituyente las ha considerado prestaciones necesarias para salvaguardar la efectividad de las libertades públicas del preso ("En todo caso, tendrá derecho a …") y, en consecuencia, las rodea de las mismas garantías que tales libertades. Pero ni la seguridad social (art. 41 CE) ni el acceso a la cultura (art. 44) son derechos fundamentales de la Sección 1ª para el resto de los ciudadanos. Conviene tener asimismo presente que la Sección 1ª también contiene derechos de prestación (como el derecho a la educación) y derechos de configuración legal (como el derecho a la tutela judicial efectiva), lo que confirma el carácter convencional de la estructura del Título I de la Constitución.

Esta necesidad de interpretar de forma sistemática los derechos constitucionales invita a investigar las relaciones entre ellos buscando complementariedades – como aspectos o elementos que son todos al

---

41 Véase Marcos Vaquer, *La acción social (Un estudio sobre la actualidad del Estado social de Derecho)*, Valencia, Tirant lo Blanch, 2002, págs. 91-94, y *La eficacia y la efectividad del derecho a la vivienda en España*, cit., págs. 37 y ss., que sigo aquí.

servicio de un mismo valor superior: la dignidad de la persona (art. 10.1, CE) – pasando por encima de toda taxonomía convencional. Y viene confirmada además por los tratados internacionales en materia de derechos humanos, de conformidad con los cuales debemos interpretar aquéllos (art. 10.2, CE). En la Declaración Universal de Derechos Humanos de las Naciones Unidas de 1948 estos no aparecen segmentados en forma alguna, más allá de la formulación en artículos sucesivos, pese a su muy diversa naturaleza. Y así, por ejemplo, ya se ha mencionado en un apartado anterior que el derecho a la vivienda se enuncia en el artículo 25 junto al derecho a la alimentación, el vestido, la asistencia sanitaria y los servicios sociales, concebidos todos ellos como elementos del derecho más general "a un nivel de vida adecuado". Y viene precedido en la Declaración de los derechos relativos al trabajo y sucedido por el derecho a la educación. Es decir, trasladando tales derechos a la estructura formal del Título I de la Constitución española, se trata de derechos del Capítulo III inmediatamente precedidos de otro de la Sección 2ª y sucedidos por uno de la Sección 1ª.

Desde esta perspectiva, el disfrute de una vivienda digna y adecuada entra en íntima conexión, como decía más atrás, con la efectividad real e igualitaria de la inviolabilidad del domicilio. Porque difícilmente podremos convenir que goza efectivamente de la inviolabilidad de su domicilio quien carece de domicilio, esto es, de un ámbito espacial determinado y reservado, de forma que sea apto para ejercer la privacidad de la vida personal y familiar.

Una similar conexión ya ha sido hallada por el Tribunal Constitucional español entre los derechos al medio ambiente (art. 45 CE), de un lado, y a la integridad física y moral (art. 15 CE) y la intimidad personal y familiar (art. 18 CE), de otro, siguiendo la *doctrina López-Ostra* del Tribunal Europeo de Derechos Humanos.[42] Esta nueva doctrina le ha permitido arropar con la protección de los derechos fundamentales más clásicos a un daño ambiental de contaminación acústica y afirmar que esos derechos no sólo tienen un contenido negativo, sino que "han adquirido una dimensión positiva en relación con el libre desarrollo de la personalidad, orientada a la plena efectividad de estos

[42] STEDH de 9 de diciembre de 1994, López-Ostra contra España, y SSTC 119/2001, de 24 de mayo (FF.JJ. 5º y 6º) y 16/2004, de 23 de febrero (F.J. 3º).

derechos fundamentales", efectividad que puede requerir no sólo un deber de abstención de los poderes públicos y de terceros, sino también deberes positivos de hacer.

El paralelismo entre estas dos conexiones aquí planteadas es notable y no debe pasarnos por alto: el derecho a disfrutar de una vivienda –si se entiende vivienda como primer círculo del hábitat personal y familiar– puede concebirse como una especificación cualificada del derecho a disfrutar de un medio ambiente adecuado, mientras que el derecho a la inviolabilidad del domicilio es instrumental del derecho a la intimidad.[43] En ambos casos, pues, se alcanza la misma conclusión: el disfrute de unas condiciones ambientales mínimas puede ser esencial para la efectividad de la protección de la intimidad personal y familiar de la persona.

De prosperar esta interpretación, del mismo modo que ha podido protegerse en amparo constitucional a quien se ve inquietado en su domicilio por ruidos, otro tanto podría hacerse en el futuro con quienes deban soportar la degradación del edificio en el que habitan por omisión de las obras preceptivas de conservación y rehabilitación, o se vean desprovistos del suministro de agua o electricidad en su domicilio por destrucción o inutilización por terceros de las instalaciones necesarias. Porque en todos estos casos se produce una injerencia en el ámbito físico de la vivienda que, no siendo imputable a la persona que la disfruta, perturba su calidad de vida y la dignidad y adecuación de la vivienda a cuyo disfrute tiene derecho. Si dicha vivienda constituye su domicilio y si la perturbación, además, es tal que provoca que ese ámbito deje de ser adecuado "para mantener una calidad mínima de la vida humana",[44] entonces cabría concluir que se está vulnerando el derecho fundamental a la inviolabilidad del domicilio.

---

[43] Así viene afirmándolo el Tribunal Constitucional desde la STC 22/1984, de 17 de febrero, F.J. 5º a la también citada STC 189/2004, 2 de noviembre, FJ 2º, pasando por la STC 136/2000, de 29 de mayo, F.J. 3º, o la STC 10/2002, de 17 de enero, F.J. 5º.

[44] Expresión que utilizan las SSTC 186/2000, de 10 de julio, F.J. 5º, y 119/2001, de 24 de mayo, F.J. 5º.

6. ALGUNOS EJEMPLOS DEL DESARROLLO LEGISLATIVO DEL DERECHO A LA VIVIENDA EN EUROPA

En el Derecho comparado europeo empieza a abrirse camino la legislación que instituye y configura no ya sólo un Derecho objetivo *de* la vivienda, sino también un derecho subjetivo *a* la vivienda. Así, por ejemplo:

El Reino Unido fue pionero en regular el derecho al alojamiento de las personas y familias sin techo. Gracias a la gran concepción sistemática de la Seguridad Social impulsada por Lord Beveridge a mediados del siglo XX, puede atribuirse a la *National Assistance Act* de 1948 la primera imposición de la correlativa obligación de alojamiento temporal a las autoridades locales. Después, esta prestación pasaría del ramo de la seguridad social al de la vivienda gracias a la *Housing (Homeless Persons) Act* de 1977, donde se ha mantenido y sigue hoy regulada para Inglaterra y Gales mediante la *Housing Act* de 1996 y la *Homelessness Act* de 2002.[45] De forma similar, en Escocia la *Housing (Scotland) Act* de 2001 y la *Homelessness (Scotland) Act* de 2003 reconocen a las personas sin hogar el derecho a un alojamiento temporal y a los que tienen una necesidad prioritaria y carecen de hogar de forma no intencionada, un derecho a alojamiento permanente.

En Francia,[46] la Ley nº 2007-290, de 5 de marzo de 2007, que instituye el derecho a un alojamiento exigible y aprueba diversas medidas a favor de la cohesión social (*Loi nº 2007-290 du 5 mars 2007 instituant le droit au logement opposable et portant diverses mesures en faveur de la cohésion sociale*, más conocida como *"loi DALO"* por el acrónimo de *droit au logement opposable*) garantiza asimismo

---

[45] Nicolás Alejandro Guillén Navarro, *La vivienda social en Inglaterra*, Barcelona, Atelier, 2010, págs. 177-179.

[46] La Constitución francesa, de una generación anterior a la española, no proclama expresamente el derecho a la vivienda. Sin embargo, el Consejo Constitucional ha declarado en sus Decisiones nº 94-359, de 19 de enero de 1995, nº 2000-436, de 7 de diciembre de 2000, y nº 2009-578, de 18 de marzo de 2009, que la posibilidad para cualquier persona de disfrutar de un alojamiento adecuado "es un objetivo de valor constitucional". Y en la Decisión nº 2004-503, de 12 de agosto de 2004, ha sentado asimismo que le corresponde al legislador "prevenir mediante disposiciones adecuadas la ruptura de la igualdad en las posibilidades de acceso a un alojamiento digno de las personas desfavorecidas".

el derecho a un alojamiento digno e independiente a quienes no se encuentren en condiciones de acceder a él o mantenerse en él por sus propios medios.[47]

En España, hasta hace poco la legislación en la materia se limitaba a recordar el derecho constitucional a la vivienda para configurar el régimen jurídico de la acción administrativa a su servicio. Por ello, la primera ley que cabe afirmar que da desarrollo legal al derecho, avanzando en su configuración y delimitación como tal derecho subjetivo, ha sido la Ley 8/2007, de 28 de mayo, de Suelo, hoy incorporada al Texto Refundido aprobado por Real Decreto Legislativo 2/2008, de 20 de junio. Su artículo 4 a) proclama el derecho de todos los ciudadanos a "disfrutar de una vivienda digna, adecuada y accesible, concebida con arreglo al principio de diseño para todas las personas, que constituya su domicilio libre de ruido u otras inmisiones contaminantes de cualquier tipo que superen los límites máximos admitidos por la legislación aplicable y en un medio ambiente y un paisaje adecuados".

Este precepto positiviza, en efecto, una síntesis de todo lo expuesto más atrás sobre la cabal interpretación del marco constitucional sobre suelo y vivienda, al que además actualiza introduciendo las necesarias referencias a la accesibilidad y el paisaje. Esta actualización se hace mediante precisiones de cierto interés:

– El derecho a disfrutar de una vivienda digna y adecuada lo es a que ésta sea además "accesible", puesto que sin accesibilidad no hay adecuación ni, por tanto, disfrute efectivo, lo que puede ser interpretado tanto en términos económicos como físicos: accesibilidad económica, es decir, bajo un precio proporcionado a la capacidad económica del sujeto, y accesibilidad también física, es decir, sin barreras que impidan su disfrute efectivo por parte de las personas con

[47] Sobre esta Ley, puede verse Vincent Renard, "El problema de la vivienda en Francia en 2007: crisis de la vivienda y perspectivas políticas", *Ciudad y Territorio. Estudios Territoriales*, nº 151, 2007, págs. 177-181; Véronique Inserguet -Brisset, *La evolución del Derecho francés en materia de vivienda*, en Fernando López Ramón (coord.), *Construyendo el derecho a la vivienda*, *op. cit.*, págs. 27 y ss.; y Pearl Nguyen-Duy, "Premières applications de la loi Dalo", *Actualité Juridique. Droit Administratif*, nº 3/2009.

problemas de discapacidad o de movilidad. De hecho, no está de más recordar que el artículo 49 de la Constitución manda a los poderes públicos amparar especialmente a los discapacitados para el disfrute de los derechos que la propia Constitución otorga a todos los ciudadanos, como es el caso del derecho a la vivienda. Por eso la Ley manda a continuación que la vivienda esté "concebida con arreglo al principio de diseño para todas las personas", principio cuya formulación general y más acabada se encuentra en la Ley 51/2003, de 2 de diciembre, de Igualdad de Oportunidades, No Discriminación y Accesibilidad Universal de las Personas con Discapacidad (LIONDAU).[48]

– El derecho a disfrutar de una vivienda no se refiere, obviamente, sino a aquélla en que se pueda desarrollar libremente la vida individual o familiar, es decir, la que constituya el domicilio del beneficiario, lo que confirma la vinculación de este derecho con el derecho fundamental a la inviolabilidad del domicilio, como se ha razonado en un apartado anterior de este trabajo.

– El disfrute de esa vivienda en la que se constituye el domicilio personal o familiar y en la que se disfruta de la intimidad individual o familiar requiere que esté "libre de ruido u otras inmisiones contaminantes de cualquier tipo que superen los límites máximos admitidos por la legislación aplicable", es decir, en unas condiciones ambientales interiores mínimas.[49]

– Por último, el disfrute de una vivienda digna y adecuada no puede aislarse del disfrute de un medio ambiente asimismo adecuado, por lo que la vivienda deberá estar rodeada de unas condiciones ambientales externas adecuadas. Y estas condiciones deberán ser

---

[48] Mediante Real Decreto 505/2007, de 20 de abril, se han aprobado las condiciones básicas de accesibilidad y no discriminación de las personas con discapacidad para el acceso y utilización de los espacios públicos urbanizados y edificaciones, dando cumplimiento al mandato contenido en la disposición final novena de la LIONDAU, aunque fuera del plazo en ella establecido.

[49] Mediante Real Decreto 1371/2007, de 19 de octubre, se ha aprobado el Documento Básico de Protección frente al Ruido con el que se completa el Código Técnico de la Edificación, aprobado a su vez mediante Real Decreto 314/2006, de 17 de marzo. Con ello, el Estado culmina su regulación de las exigencias básicas de calidad, seguridad y habitabilidad de los edificios, en cumplimiento del mandato incluido en la disposición final segunda de la Ley 38/1999, de 5 de noviembre, de Ordenación de la Edificación.

tanto objetivas – es decir, de calidad ambiental– como también de percepción y de acceso, ya que no se trata del derecho a un medio ambiente adecuado, sino a *disfrutar* de dicho medio. La percepción se introduce en el precepto a través de la moderna noción de "paisaje", definida justamente en el artículo 1º del Convenio Europeo del Paisaje como "cualquier parte del territorio tal como la percibe la población, cuyo carácter sea el resultado de la acción y la interacción de factores naturales y/o humanos". Y el acceso se garantiza a continuación en la letra b) del mismo precepto, que introduce el *derecho a la ciudad* cuando afirma el derecho a "acceder, en condiciones no discriminatorias y de accesibilidad universal, a la utilización de las dotaciones públicas y los equipamientos colectivos abiertos al uso público, de acuerdo con la legislación reguladora de la actividad de que se trate".

Ahora bien, a este esfuerzo de desarrollo del derecho subjetivo a la vivienda no le sigue, en la Ley de Suelo, un ejercicio igualmente cabal de configuración de sus facultades y garantías, por las evidentes limitaciones de su objeto y de las competencias legislativas del Estado en la materia según han sido interpretadas por el Tribunal Constitucional. La ley estatal se limita a regular las consecuencias de este derecho en materia de suelo, a partir de la afirmación de principio contenida en su artículo 2.3 según la cual "el suelo vinculado a un uso residencial por la ordenación territorial y urbanística está al servicio de la efectividad del derecho a disfrutar de una vivienda digna y adecuada". Este principio le sirve de puente entre el derecho subjetivo a la vivienda, el estatuto de la propiedad inmobiliaria y el régimen objetivo del suelo, que son su objeto propio y en cuyo comentario nos detendremos en la última parte de esta monografía. Por lo demás, la legislación sobre vivienda es una competencia exclusiva de las Comunidades Autónomas,[50] algunas de las cuales han avanzado recientemente en la configuración legal del derecho subjetivo a la vivienda.[51]

---

[50] Lo que no quita para que el Estado pudiera avanzar algún día en la regulación de condiciones básicas de la igualdad en el ejercicio del derecho a la vivienda al amparo del artículo 149.1.1ª CE, según una interpretación de este título competencial que he defendido en los trabajos citados en la nota nº 41.

[51] Además de las leyes que se comentarán en los párrafos que siguen, también se han aprobado la Ley Foral 10/2010, de 10 de mayo, del Derecho a la Vivienda

En España, como hemos visto que ha ocurrido en el Reino Unido, el legislador ha configurado antes el derecho a un alojamiento ante situaciones de necesidad que un derecho a la vivienda en sentido propio. Expresado en otros términos, el derecho subjetivo ha cobrado forma primero en la legislación de servicios sociales y sólo ahora está empezando a hacerlo en la legislación del ramo vivienda.

El alojamiento –normalmente temporal y colectivo, con servicios sociales de acompañamiento– de personas en situaciones de necesidad está bastante generalizado entre las prestaciones garantizadas por la legislación de acción social. Así, por ejemplo, la Ley Foral 15/2006, de 14 de diciembre, de Servicios Sociales de Navarra incluye en su artículo 20 entre las prestaciones mínimas y garantizadas de su cartera de servicios sociales de ámbito general "los recursos de alojamiento temporal como centros de urgencia y casas de acogida para personas sin techo, mujeres en situación de maltrato y/o agresión sexual y menores en situación de desprotección" y "el acceso a una plaza residencial permanente o temporal a las personas que no puedan continuar en su domicilio por su situación de dependencia, grave conflicto familiar o ausencia de soporte familiar adecuado". La Ley 4/2009, de 11 de junio, de Servicios Sociales de las Illes Balears proclama el alojamiento como una de las "prestaciones básicas garantizadas" en su artículo 25. Y la Ley 14/2010, de 16 de diciembre, de Servicios Sociales de Castilla-La Mancha incluye asimismo entre sus prestaciones garantizadas el alojamiento temporal de las personas en situaciones de urgencia social por "carencia de recursos propios o grave crisis de convivencia personal" en sus artículos 7.3.h) y 36 f).

Del otro lado, la Ley catalana 18/2007, de 28 de diciembre, del Derecho a la Vivienda, afirma que todas las personas deben poder acceder a una vivienda y ocuparla, siempre que cumplan los requisitos legales y contractuales aplicables en cada relación jurídica, sin sufrir discriminaciones, directas o indirectas, ni acoso.

---

en Navarra y la Ley 9/2010, de 30 de agosto, del Derecho a la Vivienda en la Comunidad de Castilla y León, pero estas leyes se inscriben en la tradición de configurar los principios y reglas del régimen jurídico de una prestación objetiva, no un derecho subjetivo de prestación.

Más recientemente, la Ley 1/2010, de 8 de marzo, reguladora del Derecho a la Vivienda en Andalucía sostiene en su artículo 1º que "tiene por objeto garantizar (...) el derecho constitucional y estatutario a una vivienda digna y adecuada, del que son titulares las personas físicas con vecindad administrativa en la Comunidad Autónoma de Andalucía en las condiciones establecidas en la misma".

Por último hasta donde tenemos noticia, la Ley 1/2011, de 10 de febrero, de Garantías en el Acceso a la Vivienda en Castilla-La Mancha, estableció por primera vez una doble garantía jurídica del acceso a la vivienda a favor de los demandantes de vivienda protegida: la que denomina "garantía de plazo" y la "garantía económica", que se explicarán más adelante. Ahora bien, estas garantías sólo regían respecto de quienes hubieran superado una edad normal de emancipación (22 años) y tuvieran una fuente modesta pero regular de ingresos de conformidad con lo previsto en el artículo 4 de la Ley, lo que evidencia una aproximación al problema muy distinta de la que hemos reseñado en las primeras leyes citadas, en cualquier caso efímera porque la ley fue derogada al poco tiempo de su aprobación, sin llegar a desarrollarse ni surtir efectos.

En efecto, desde su mismo título se observa que los textos legales citados de Navarra, Baleares y el primero de Castilla-La Mancha abordan el problema residencial desde una perspectiva radicalmente distinta a la de las Leyes catalana, andaluza y la última castellano-manchega: en vez de descansar sobre el sistema prestacional de los servicios de vivienda, lo hacen sobre el de los servicios sociales. Sin duda, ello obedece en gran medida a razones organizativas, esto es, a la competencia material de la Consejería impulsora de la iniciativa legal en cada caso. Pero también puede encontrarse una explicación menos peregrina y más sustantiva, en las fuentes supralegales de inspiración utilizadas: mientras las Leyes de vivienda siguen la estructura lógica del artículo 47 de la Constitución y se apoyan en el binomio suelo-vivienda (como se observa claramente en las técnicas de planificación utilizadas y ya mencionadas, por ejemplo), las Leyes de acción social siguen la lógica del artículo 25 de la Declaración Universal de Derechos Humanos (que la balear cita expresamente en su exposición de motivos), esto es, se ocupan de los servicios sociales básicos para procurar un mínimo vital a las personas y protegerlas del riesgo de exclusión social: en primer lugar, el alojamiento, la alimentación y el vestido.

Y es que la vivienda, en su sentido constitucional ya comentado, es un bien de primera necesidad, que requiere una política sectorial para promover las condiciones socio-económicas en las que puedan disfrutarla todos de forma estable pero, mientras no se dan estas circunstancias y existen personas en situación o en riesgo de exclusión residencial, también requiere servicios temporales de habitación o alojamiento tradicionalmente incluidos en el sector de la acción social o los servicios sociales. Como cláusula de cierre del sistema de prestaciones sociales de nuestro Estado social de Derecho, la acción social también se ocupa del alojamiento de las personas que se encuentran en una situación de necesidad por carecer de una vivienda digna y adecuada, como resulta de la lectura conjunta de los artículos 41, 47 y 50 de la Constitución.[52]

En todo caso, ya se sitúen en el grupo normativo de la vivienda o en el de la acción social, todas las leyes de que nos ocupamos en este apartado se diferencian de las precedentes españolas en su forma de regular la prestación de que se trata, que no configuran sólo como una prestación objetiva sino también como un derecho subjetivo de sus beneficiarios.

Obviamente, ninguna de las leyes estudiadas garantiza por su propio imperio un acceso universal a una vivienda digna y adecuada a todas las personas. La efectividad de un derecho de prestación requiere una acción administrativa necesitada asimismo de una financiación que no es ni puede ser ilimitada. Las diferencias entre estas leyes son, además, notables, tanto en cuanto al objeto y contenido de los derechos que proclaman como a sus titulares. Veremos que sus avances son muy desiguales: mientras en las disposiciones citadas de Reino Unido, Francia, Navarra, Baleares o Castilla-La Mancha se llega a imponer

[52] Sobre el carácter híbrido de los servicios de vivienda, a medio camino entre los servicios a la persona (o de carácter social) y los servicios al territorio (más convencionalmente llamados servicios económicos), sobre las prestaciones residenciales típicas de la acción social y sobre la naturaleza y alcance de esta actividad de la Administración, me permito remitir a Marcos Vaquer, *La acción social, op. cit.*, en particular págs. 79, 86, 113, 162-171 y 180.

auténticas obligaciones de resultado a las Administraciones públicas, en Andalucía sólo la disposición de medios e instrumentos es exigible judicialmente, pero no propiamente el alojamiento de las personas más necesitadas. Pero sí establecen un régimen legal general para el ejercicio de derechos subjetivos residenciales susceptibles de tutela judicial efectiva, y ello constituye en sí mismo un importante avance.

Las principales características de este avance pueden ser resumidas en torno a tres grandes notas generales:

1. Instauración de la *actividad administrativa de planificación* para dotar de la necesaria previsibilidad (que es, como es bien sabido, una de las dimensiones de la seguridad jurídica), estabilidad y adaptabilidad al cambio a la acción administrativa positiva al servicio del derecho a la vivienda.

La actividad de planificación es especialmente necesaria para la efectividad de los derechos subjetivos de prestación. Dado que el número y las necesidades del colectivo titular del derecho varían en el espacio y en el tiempo, lo hace también la necesaria dotación de medios personales, materiales y financieros, cuya provisión hay que planificar de forma rigurosa y periódica ya que no puede venir predeterminada de forma general y abstracta por la Ley. De ahí que todas estas Leyes prevean su desarrollo no tanto mediante reglamentos generales y abstractos como ellas, cuanto mediante planes.

En Reino Unido, tanto la Ley para Inglaterra y Gales como la escocesa contemplan las *Homelessness strategies* que deben aprobar los entes locales (arts. 1 y 3 y 1 de las Leyes de 2002 y 2001, respectivamente). En Francia, el *plan pour l'hébergement d'urgence des personnes sans abri* que deben aprobar los *Départements* y que deben establecer determinados ratios de plazas alojativas en los municipios más poblados o integrados en aglomeraciones urbanas (art. 2).

En Cataluña, el Plan territorial sectorial de vivienda, los programas supralocales de vivienda y los planes locales de vivienda (art. 11.2), además de las determinaciones sobre reservas y calificaciones de suelo para vivienda protegida contenidas en los planes urbanísticos. Un sistema de ordenación complejo, en fin, que trata de integrar la planificación territorial con la planificación sectorial. Similar es el caso de Andalucía, donde la Ley prevé la realización de actuaciones de interés supramunicipal mediante planes de ordenación del territorio (art. 14.2) y la ordenación del uso residencial, libre o protegido, del suelo en los planes urbanísticos (art. 4), a los que añade un sistema de planificación sectorial formado por los planes de vivienda y suelo de ámbito autonómico (art. 12) y municipal (art. 13). De forma general, en estas y en las restantes Comunidades Autónomas, la prestación y el fomento de la vivienda protegida se regulan mediante planes temporales dictados en ejercicio de su autonomía y también en desarrollo de las bases sentadas en los planes estatales, para poder beneficiarse de su financiación mediante transferencias de capital finalistas del Estado.

Por lo que hace al ramo de la acción social, en Baleares se establece el plan estratégico de servicios sociales de las Illes Balears y los planes sectoriales (arts. 29 a 33). Y en Navarra, los planes – asimismo clasificados en estratégicos y sectoriales – y programas de servicios sociales (arts. 15, 16 y 24 a 27).

2. Regulación de tipos de *alojamientos diferenciados para las personas en situación de necesidad* o con dificultades de acceso a la vivienda de libre mercado.

En Inglaterra y Gales, el *social housing* y en Escocia, las *houses for housing purposes*, en ambos casos gestionadas por los *registered social landlords* (arts. 1 de la Ley de 1996 y 5 de la de 2001, respectivamente). En Francia, las *places d'hébergement d'urgence* y los *logements locatifs sociaux*. En España, los planes estatales y autonómicos de vivienda establecen diversas categorías de vivienda protegida. En Cataluña, la Ley que citamos se refiere a las viviendas de inserción, las viviendas dotacionales públicas y las viviendas de protección oficial (arts. 17, 18 y 70, 77 y siguientes). En Baleares, el objeto de la prestación garantizada ni siquiera es denominado vivienda sino "alojamiento" para dejar abierta su modalidad y no generar la expectativa de que se trata de viviendas individuales o unifamiliares sino que puede tratarse de formas de alojamiento colectivo (art. 25). Similar es el caso de la Ley navarra, que se refiere a "recursos de alojamiento temporal como centros de urgencia y casas de acogida" y a "una plaza residencial" sin mayor especificación (art. 20). Y en Andalucía se combinan las dos tipologías residenciales: las viviendas protegidas (art. 6) y los alojamientos transitorios "mediante edificaciones que constituyan fórmulas intermedias entre la vivienda individual y la residencia colectiva" para personas con riesgo o en situación de exclusión social acreditada por los servicios sociales y que no puedan acceder a una vivienda protegida (art. 20).

3. *Garantía de la oponibilidad o exigibilidad del derecho*, incluso mediante la tutela judicial efectiva.

En Francia, los demandantes de alojamiento social y demás personas sin alojamiento pueden solicitarlo a una comisión de mediación existente en cada Departamento (art. 7) y, si no ven satisfecha su pretensión, en determinados casos pueden ejercerla por la vía contenciosa ante los órganos judiciales (arts. 8 y 9).[53]

En Cataluña, las garantías sustantivas se complementan con ciertos derechos reaccionales, como son la acción pública (art. 6), la prueba por indicios con inversión de la carga de la prueba en los procedimientos por discriminación, que incluye el acoso inmobiliario (art. 47), o la legitimación de organizaciones sociales representativas de intereses colectivos (art. 48).

En Andalucía, aunque se proclama genéricamente el derecho a "exigir de las Administraciones públicas el cumplimiento de las obligaciones derivadas del derecho a una vivienda digna y adecuada (...)

---

[53] Esta tutela judicial tuvo aplicación por primera vez con la *Ordonnance* de 20 de mayo de 2008, *Mme. Fofana*, del Tribunal Administrativo de París, al que recurrió una inmigrante con dos hijas menores de edad, que estaban alojadas en un centro de acogida (*centre d'hébergement et de réinsertion sociale)* y, antes del vencimiento de su contrato, solicitaron acceder a un alquiler social (*logement sociale)*, lo que fue desestimado por la comisión de mediación de París por considerar su solicitud prioritaria pero no urgente, habida cuenta la obligación de la recurrente de llevar a término su contrato con el CHRS. Pues bien, el Tribunal accede a suspender la ejecución de esta decisión y requiere a la comisión a que vuelva a pronunciarse dentro del plazo máximo de un mes a partir de la notificación de esta resolución. Seis meses después, el Tribunal Administrativo de París dictó otras seis resoluciones que consolidan y perfilan su doctrina aplicativa de esta novedosa ley (TA Paris 20 noviembre de 2008, *Mme. Nouisser*, nº 0809273, *Mme. Boulhel*, nº 0809830, *M. Zanone*, nº 0810634, *M. Sabbagh*, nº 0811030, *Mme. Dabo*, nº 0812600, *M. Abaiadze*, nº 0812761, comentadas por Pearl Nguyên-Duy en "Premiéres applications de la loi DALO", *op. cit.*), a las que han seguido después otras.

mediante el ejercicio de las acciones que procedan (...)", este derecho sólo se concreta acto seguido para exigir el cumplimiento del deber de los Ayuntamientos de aprobar y ejecutar el plan municipal de vivienda y suelo (art. 24).

En Castilla-La Mancha, la nueva ley de servicios sociales garantiza el derecho "a acceder a un alojamiento temporal de emergencia en situaciones de urgencia social, (...), cuando exista una necesidad reconocida, en la que concurra carencia de recursos propios o grave crisis de convivencia personal, que haga inviable la permanencia en el propio domicilio, temporal o permanentemente" [art. 7.3.h)]. Posterior y complementariamente, la ley de garantías en el acceso a la vivienda impuso a la Administración la obligación de garantizar "a todas las personas inscritas en el Registro de Demandantes de Vivienda con protección pública de Castilla-La Mancha el derecho a una vivienda protegida" (art. 2.1). Para ello, disponía del plazo máximo de un año contado a partir de la inscripción en el registro. A partir del vencimiento de dicho plazo, el demandante de vivienda insatisfecho podría acceder en alquiler a una vivienda libre y la Consejería le reconocerá "la garantía económica de acceso a la vivienda".

La determinación de la garantía económica quedaba remitida al desarrollo reglamentario, pero en todo caso constituía una prestación dineraria compensatoria fijada "teniendo en consideración la diferencia entre la renta media por el alquiler de una vivienda en esa localidad y la cuota que le correspondería abonar por la adquisición de una vivienda con protección pública en esa misma localidad y en ese mismo momento" (art. 6.1). Su beneficiario tenía derecho a percibir esta cuantía mientras no se le provea el acceso a una vivienda protegida, para la que goza de preferencia (disp. final 1ª).

La solución legal que acabamos de describir era ciertamente original: ante las dificultades de garantizar la efectividad de una prestación en especie tan costosa (en tiempo y en dinero) como una vivienda, se arbitraba una prestación económica subsidiaria que cumplía una doble función legal: desde la perspectiva del ciudadano, le aseguraba una prestación efectiva, aunque fuera en dinero; desde la perspectiva de la Administración, añadía un incentivo para que planificase y fomentase o promoviera una oferta suficiente de vivienda protegida adecuada a las necesidades de sus demandantes. Pero la crisis económica y el cambio de gobierno regional provocaron su rápida derogación, sin que hayamos llegado a apreciar ni valorar sus efectos.

En Navarra, los servicios residenciales a que se refiere el artículo 20 de la Ley forman parte, como ya sabemos, del contenido mínimo de la cartera de servicios sociales de ámbito general, "que además deberán tener carácter de prestaciones garantizadas", lo que significa que "serán exigibles como derecho subjetivo en los términos establecidos en la cartera, que señalará los requisitos de acceso a cada una de ellas y el plazo a partir del cual dicho derecho podrá ser exigido ante la Administración una vez reconocido, pudiendo, en caso de no ser atendido por ésta, hacerse valer ante la Jurisdicción Contencioso-Administrativa" (art. 19.3).[54]

Análogamente, en Baleares las carteras de servicios (arts. 24 y 26) "garantizarán … las prestaciones que den cobertura a las necesidades básicas de las personas beneficiarias de esta Ley" (art. 25). Su incumplimiento no sólo deja expedita las vías administrativa y contenciosa para exigir la prestación, sino que también lleva aparejada una sanción porque se tipifica como infracción administrativa (arts. 124 y ss.).

Lo que falta en las Leyes catalana o andaluza, a diferencia de las británicas, la navarra, la balear, la castellano-manchega y, sobre todo, la francesa, es la previsión de un nivel mínimo asistencial, el de las personas involuntariamente sin hogar y demás personas que podríamos calificar en situación o riesgo de necesidad, de emergencia o de exclusión residencial, a las que se garantice el acceso a un alojamiento como prestación exigible y tutelable, ya sea de forma temporal o indefinida.[55]

---

[54] El acceso a las prestaciones no garantizadas, por contraste, sólo será exigible "de acuerdo con la disponibilidad presupuestaria", según el apartado siguiente del mismo precepto.

[55] En Cataluña, por ejemplo, esta garantía depende de lo que prescriba la Cartera de Servicios Sociales, que se aprueba periódicamente por Decreto del Gobierno de la Generalitat. Puede verse, por ejemplo, el Decreto 142/2010, de 11 de octubre, por el que se aprueba la Cartera de Servicios Sociales 2010-2011 y que establece algunos servicios residenciales como prestaciones garantizadas.

En suma, la piedra de toque de la efectividad del derecho a la vivienda se encuentra en la exigibilidad – bajo tutela judicial y otras formas complementarias de garantía – de la prestación. Los avances dados en las últimas décadas por algunas legislaciones nacionales y regionales son una buena noticia, pero no están todavía generalizados ni tampoco exentos de problemas aplicativos.